鉄道まるわかり PLUS 010

# 近畿日本鉄道
## のすべて

シリーズ21とは打って変わり、従来の塗色がアレンジされて引き継がれた。誰が見ても「近鉄電車」の外観だ。

## 近鉄の新スタンダード
# *debut* 8A系デビュー

2024年10月、近鉄の次世代を担う一般車両、8A系がデビューした。
前面は八角形をモチーフにした今までにない形状だが、
伝統の赤と白のブロック塗り分けをアレンジした塗色をまとう。

写真／イカロス出版鉄道編集部　撮影協力／近畿日本鉄道株式会社

奈良・京都線用に投入された第一弾の客室は、ロング／クロスの両方で使用できるL/Cカー。扉間ごとにロングシートとクロスシートを使い分けることもできる。

ボタン操作でロングシートとクロスシートを切り換えられる。全国で採用が広がっているが、近鉄は先駆けとなった鉄道事業者だ。

オールクロスシート状態の客室。内装のデザインは「WEST EXPRESS 銀河」や「雪月花」などを手掛けたイチバンセンの川西康之さんが担当した。

## 未来を見据えた設備と伝統が融合したデザイン

客用扉の脇に設けられた「やさしば」。従来の優先席の対象者に加え、キャリーケースを持つ人やベビーカーを押す人など、誰もが利用しやすい席を目指して設けられた。

運転席は力行・抑速とブレーキが独立した2ハンドル式。計器類や各種表示灯は2画面あるLCD表示器に集約された。

新しい近鉄電車の顔は八角形。前面中央には貫通扉を備え、幌をつないで併結運転ができる実用性も備えている。

5

# Contents

近畿日本鉄道路線図MAP >>> **8**

## 第1章　近畿日本鉄道の企業がわかる

大阪・京都・名古屋を起点にした日本最大の私鉄 ･･････････････････････ 14
近鉄グループをまとめる純粋持株会社　近鉄グループホールディングス ････ 16
昔の社名に戻った鉄道もある　近鉄グループの鉄道会社 ･･･････････････ 18
沿線エリアを中心にバス・タクシー網を築く　近鉄グループの運輸事業 ････ 20
沿線を中心とした宅地開発から野菜工場まで　近鉄グループの不動産事業 ･･････････ 22
沿線での生活を豊かにする　近鉄グループの流通事業 ･･････････････････ 24
ホテル・旅館、旅行会社を内包する　近鉄グループのホテル・レジャー事業 ････ 26
グループ内で鉄道車両メーカーも抱える　近鉄グループのその他の事業 ････ 28
**KINTETSU COLUMN**　近鉄の社章と経営理念 ････････････････････････ 30

## 第2章　近畿日本鉄道の路線がわかる

近鉄の創業路線で、阪神電鉄と直通する　奈良線・難波線 ･･････････････ 32
1府2県を横断する大幹線　大阪線 ････････････････････････････････････ 34
名刹を結ぶ参詣路線として誕生　信貴線・西信貴鋼索線 ･･････････････････ 36
生駒駅をターミナルに延びる参詣路線　生駒線・生駒鋼索線 ･･･････････････ 38
地下鉄に直結して、大阪都心部へ乗り入れる　けいはんな線 ･････････････ 40
並行するJR奈良線と競合関係　京都線 ･･････････････････････････････ 42
沿線に名所が多いかつての本線　橿原線 ･･････････････････････････････ 44
小私鉄が開業し、近鉄に引き継がれた　天理線・田原本線 ･･･････････････ 46
伊勢湾沿いの諸都市と名古屋を結ぶ　名古屋線 ･････････････････････････ 48
名古屋線の支線区は残り2線となった　湯の山線・鈴鹿線 ･･･････････････ 50
大阪・名古屋と伊勢神宮を結ぶ幹線　山田線 ･･･････････････････････････ 52
伊勢志摩国立公園に延びる観光・生活路線　鳥羽線・志摩線 ･････････････ 54
大阪線系とは別の車両グループを有する　南大阪線 ･････････････････････ 56
南河内地方を南北に縦断　長野線 ････････････････････････････････････ 58
南大阪線の支線はローカル線に　道明寺線・御所線 ･････････････････････ 60
南大阪線から特急・急行が直通　吉野線 ･･････････････････････････････ 62
大阪・名古屋・伊勢志摩を結ぶ　近鉄の特急網 ･････････････････････････ 64
**KINTETSU COLUMN**　近鉄の車両基地・工場 ･････････････････････････ 66

## 第3章　近畿日本鉄道の駅がわかる

創業以来の歴史を刻むターミナル　大阪線／難波線・大阪上本町駅 ･･･････ 68
二大幹線が交差するジャンクション　大阪線／橿原線・大和八木駅 ･･･････ 70
5面のホームが並ぶ一大ジャンクション　大阪線／名古屋線／山田線・伊勢中川駅 ･･･ 72
内宮への最寄り駅は有形文化財　山田線／鳥羽線・宇治山田駅 ･･････････ 74
志摩半島最大の観光拠点　鳥羽線／志摩線・鳥羽駅 ･････････････････････ 76
大阪・奈良・京都の三都市を結ぶ駅　奈良線／京都線／橿原線・大和西大寺駅 ･･･ 78
標準軌線区と狭軌線区の結節点　橿原線／南大阪線／吉野線・橿原神宮前駅 ･･･ 80
狭軌線区で唯一のターミナル駅　南大阪線・大阪阿部野橋駅 ･････････････ 82
近鉄で最古の歴史を誇る駅　南大阪線／長野線・古市駅 ･････････････････ 84
南大阪・吉野線系統の終着駅　吉野線・吉野駅 ･････････････････････････ 86
開業時は狭軌だった東の玄関口　名古屋線・近鉄名古屋駅 ･･･････････････ 88
新しい橋上駅舎の完成で面目を一新　名古屋線・桑名駅 ･････････････････ 90
1位は大阪阿部野橋、2位は鶴橋……　乗降人員の多い駅、少ない駅 ･･･････ 92
**KINTETSU COLUMN**　列車ごとに異なる発車メロディ ････････････････ 94

## 第4章 近畿日本鉄道の車両がわかる

名阪ノンストップの新しい顔　80000系「ひのとり」 ・・・・・・・・・・・・・・・・・・・・・ 96
名阪ノンストップの革命児　21000系／21020系「アーバンライナー」シリーズ ・・・・・ 98
名阪ノンストップや特急網拡大に貢献
　　　　　12000系／12200系「スナックカー」シリーズ ・・・・・・・・・・・・・・・・ 100
看板特急は初の名阪ノンストップ　10100系「新ビスタカー」 ・・・・・・・・・・・・・・・ 102
お召列車にも使用される観光特急　50000系「しまかぜ」 ・・・・・・・・・・・・・・・・・ 104
26000系「さくらライナー」　23000系「伊勢志摩ライナー」 ・・・・・・・・・・・・・・・ 106
3代目ビスタカーは観光輸送を重視　30000系「ビスタEX」 ・・・・・・・・・・・・・・・・ 108
京都・橿原線の観光輸送に活躍　18200系／18400系 ・・・・・・・・・・・・・・・・・・・ 110
近鉄の象徴、世界初の2階建て電車　10000系「ビスタカー」 ・・・・・・・・・・・・・・・ 112
広大な路線網を支える汎用特急　22000系・16400系／22600・16600系 ・・・・・・・・ 114
各線で使用される汎用特急車　12400系／12410系／12600系／16010系 ・・・・・・・・ 116
自在な編成が可能なエースカー　10400系／11400系／16000系 ・・・・・・・・・・・・・ 118
ビスタカー登場以前の特急車　モ5820形／680系／18000系 ・・・・・・・・・・・・・・・ 120
ダブルデッカーの団体専用車　20100系「あおぞら」／20000系「楽」 ・・・・・・・・・・ 122
特急車を改造した団体専用車　18200系／18400系／15200系／15400系 ・・・・・・・・ 124
通勤車1(鋼製・狭幅車体)　6800系／1480系／2610系／2800系など ・・・・・・・・・・ 126
通勤車2(鋼製・新造車体、機器流用車)
　　　　　6441系／2470系／1200系／2680系など ・・・・・・・・・・・・・・・・・ 128
通勤車3(鋼製・幅広車体)　900系／8000系／8600系／3000系など ・・・・・・・・・・ 130
通勤車4(鋼製・新設計車体)　1200系／2050系／8810系／9200系など ・・・・・・・・ 132
通勤車5(急行・団体用／第三軌条方式)　5200系／7000系・7200系 ・・・・・・・・・・ 134
通勤車6(アルミ共通車体)　3200系／6400系／1233系など ・・・・・・・・・・・・・・・ 136
通勤車7(アルミ車体・シリーズ21)　3220・5820・9020・9820・6820系 ・・・・・・・ 138
シリーズ21車両以来24年ぶりの新型一般車両　8A系 ・・・・・・・・・・・・・・・・・・・ 140
近鉄を彩った車両たち1　モ200形・モ2200形・モ6601形・モ5201形ほか ・・・・・・・ 142
近鉄を彩った車両たち2　モ1450形／800系・820系／モ1460形ほか ・・・・・・・・・ 144
近鉄を彩った車両たち3　木造車の鋼体化改造 ・・・・・・・・・・・・・・・・・・・・・・ 146
**KINTETSU COLUMN**　電気検測車「はかるくん」 ・・・・・・・・・・・・・・・・・・・ 148

## 第5章 近畿日本鉄道の歴史がわかる

日本一の大私鉄、近畿日本鉄道　エリアは2府3県にまたがる ・・・・・・・・・・・・・・・ 150
1910-1930　生駒山地を貫いて大阪〜奈良間を直通 ・・・・・・・・・・・・・・・・・・・ 152
1931-1950　戦時下の国策に従って、近畿日本鉄道が誕生 ・・・・・・・・・・・・・・・・ 154
1951-1964　看板列車、ビスタカーとラビットカーの誕生 ・・・・・・・・・・・・・・・・ 156
1965-1975　特急ネットワークを整備する ・・・・・・・・・・・・・・・・・・・・・・・・ 158
1976-1999　東大阪線の開業と「アーバンライナー」の登場 ・・・・・・・・・・・・・・・ 160
2000-　　　持株会社「近鉄グループホールディングス」の誕生 ・・・・・・・・・・・・・・ 162
**KINTETSU COLUMN**　三重県にあった近鉄最長の廃線 ・・・・・・・・・・・・・・・・ 164

## 第6章 近畿日本鉄道の魅力がもっとわかる

観光地向けの企画きっぷが充実　近鉄のお得なきっぷ ・・・・・・・・・・・・・・・・・・・ 166
バージョンアップごとに機能が向上　関西初の総合的な鉄道案内アプリ ・・・・・・・・・・ 168
本格的な観光列車「青の交響曲」「つどい」「あをによし」 ・・・・・・・・・・・・・・・・ 170
1435mm、1067mm、762mm　3つのゲージを有する近鉄グループ ・・・・・・・・・・・ 172
**KINTETSU COLUMN**　近鉄のスポーツチーム ・・・・・・・・・・・・・・・・・・・・ 174

※本書の内容は2025年1月15日現在のものです。
※本書の内容等について、近鉄グループホールディングス株式会社、近畿日本鉄道、およびグループ各社等へのお問い合わせはご遠慮ください。

水田に車体を移しながら快走する80000系「ひのとり」。名阪特急の新しい主役に躍り出た。

　1910年創立の大阪電気軌道をルーツに、関西および三重県の私鉄を合併して成長してきた近畿日本鉄道は、名実ともに日本最大の私鉄である。沿線には京都・奈良・吉野・伊勢志摩のメジャーな観光地も控え、多彩な有料特急が走るシーンは華やかだ。また、大阪・京都・名古屋をターミナルに、衛星都市と結んで通勤・通学輸送にも活躍している。歴史的経緯から線路幅（軌間）が1435mmと1067mmの路線があるのが特徴で、かつては762mm軌間の路線も保有した。他社線との相互直通運転は関東の私鉄ほどは多くなく、京都線・奈良線と京都市営地下鉄、けいはんな線とOsaka Metro（大阪メトロ）中央線、奈良線・大阪線・難波線と阪神電気鉄道の3例のみだ。

　鉄道だけでなく、バス・タクシーなどの運輸事業、さらに不動産、流通、ホテル・レジャー事業を展開する近鉄グループの中核であり、沿線を中心に生活を支えている。2015年に持株会社「近鉄グループホールディングス」に移行し、近畿日本鉄道は鉄軌道事業のみに専念することとなった。

　大阪では2025年に万国博覧会の開催が予定されている。近鉄も8A系の投入や2つの軌間を直通できるフリーゲージトレインの研究を進めるなど、新たな挑戦をしている。これまで以上に大きく飛躍する姿を見せてくれることだろう。

# CHAPTER 1 第1章

## 近畿日本鉄道の
# 企業がわかる

営業キロ数、駅数とも日本の私鉄において第1位の近畿日本鉄道は、名実ともに日本最大の私鉄と言える。主要路線には専用車両による有料特急が運行され、都市間および観光地へのアクセスを充実させている。また、250社を越える企業が近鉄グループを形成し、近畿・東海圏の経済に貢献している。

# KINTETSU 01

## 大阪・京都・名古屋を起点にした日本最大の私鉄

2府3県に、旅客営業キロ数501.1kmの路線網を築く近畿日本鉄道（以下、近鉄）は、名実ともに日本最大の私鉄である。2024年3月末現在、近鉄を中心にグループ会社は運輸、不動産、流通、ホテル・レジャー、その他の各事業に計255社がある。2015年には純粋持株会社制へ移行した。

### 営業キロ数・駅数が日本の私鉄で第1位

　大阪・京都・奈良・愛知・三重の2府3県に路線を延ばす近鉄は、2024年3月末現在、旅客営業キロ数は501.1km、駅数は286（以上、大手私鉄16社中第1位）、在籍車両数1,877両（同第2位）、2024年度の営業収益1,530億2,700万円（同4位）を誇る。営業キロ数・営業収益・在籍車両数の規模を見ても、近鉄は日本最大の私鉄と言えよう。

　近鉄は、1914年に生駒山脈を貫いて上本町（現・大阪上本町）〜奈良（現・近鉄奈良）間を開業した大阪電気軌道を前身とし、周辺の中小私鉄を合併して成立した。戦前には南海電気鉄道の前身企業も近鉄と合併しており、前記の2府3県に加えて和歌山・岐阜の両県もエリアとしていた。そうした歴史的経緯から、大阪線・名古屋線を中心とする1435mm軌間（標準軌）、南大阪線・吉野線などの1076mm軌間（狭軌）がある。かつては762mm軌間のナローゲージもあった。

　本社は大阪市天王寺区上本町6丁目に所在し、現業機関を統轄する鉄道本部はエリアが広いことから大阪統括部と名古屋統括部に分かれている。それぞれ

大阪・京都・名古屋から伊勢志摩を結ぶ50000系「しまかぜ」は近鉄を代表する列車。伝統の2階建て車両を連結し、個室やサロン席も用意された。

近畿日本鉄道の企業がわかる

の下には、大阪統括部に運輸部・工機部・施設部・工事部、名古屋統括部に運輸部・施設部がある。それとは別に鉄道本部には企画統括部があり、営業企画部・運転保安部・技術管理部・安全推進部に分かれている。

## 都市間・都市圏・ローカル・観光輸送を並立

　近鉄の列車は、専用車両で運行する全車座席指定制の有料特急と、快速急行・急行・普通などの料金不要の一般列車に大別される。特急は標準軌線が名古屋〜大阪間(名阪特急)、大阪〜奈良間(阪奈特急)、大阪〜伊勢志摩間(阪伊特急)、京都〜奈良間(京奈特急)、京都〜橿原神宮前間(京橿特急)、名古屋〜伊勢志摩間(名伊特急)、京都〜伊勢志摩間(京伊特急)、狭軌線が大阪〜吉野間(吉野特急)に分かれる。一般列車では、快速急行・急行など速達列車が都市間輸送の一部を担っているが、末端線区や奈良・三重の県境など人口が希薄な地域では2両編成の普通列車が走る区間も少なくない。

　これらとは性格が異なるが、近鉄は沿線に京都・奈良・伊勢志摩という世界的な観光地を控え、観光輸送の需要も高い。中でも伊勢志摩は近鉄にとって重要な観光資源であり、大阪・京都・名古屋から観光特急「しまかぜ」が運行されている。「しまかぜ」は好調で、これを続いて吉野特急に観光要素の強い「青の交響曲(シンフォニー)」が、阪奈・京奈特急に「あをによし」が設定されている。

近鉄の一般列車で最も停車駅が少ない快速急行は、奈良線・大阪〜山田〜鳥羽線で運行されている。

日中に特急と急行が1時間あたり3往復運行される山田線でも、普通列車は2両編成が充当される。

**用語解説　伊勢志摩[いせしま]**
三重県南部の伊勢市・鳥羽市・志摩市を中心とするエリアで、大半が伊勢志摩国立公園に属している。伊勢神宮や英虞(あご)湾の多島海などの観光資源、そして地場産業に真珠養殖を代表とする水産業がある。近鉄は戦前から伊勢志摩の観光開発に力を入れており、近鉄グループの企業・施設も多い。

15

# KINTETSU 02

## 近鉄グループをまとめる純粋持株会社 近鉄グループホールディングス

近鉄グループホールディングス（近鉄GHD）は、近鉄グループ各社を傘下に収める純粋持株会社である。経営環境の変化に即応し、さらなる成長を実現するため、2015年4月に近畿日本鉄道（株）が近鉄GHD（株）に商号変更して成立した。

### 近鉄グループの中心になる近鉄GHD

　純粋持株会社、近鉄GHDに商号変更する前の近畿日本鉄道は、近鉄グループの中心であり、鉄軌道事業だけでなく不動産事業、レジャー事業なども扱っていた。2015年4月に近鉄GHDへ商号変更を行うと同時に近鉄が保有していた事業は、吸収分割により鉄軌道事業を近畿日本鉄道分割準備（株）（のち近畿日本鉄道）、不動産事業を近畿不動産（株）、ホテル事業等を（株）近鉄ホテルシステムズ（のち近鉄・都ホテルズ）、流通事業等を（株）近鉄リテールサービス（のち近鉄リテーリング）に継承させた。以後、近鉄GHDが近鉄グループの中心となり、グループ各社が利用者に満足してもらえるよう力を尽くし、各社間の連携によりグループの総合力を発揮する、としている。

　傘下の近鉄グループは、運輸事業、不動産事業、国際物流事業、流通事業、ホテル・レジャー事業、その他の事業のセグメントに分けられている。2023年度（第113期）の連結決算は営業収益が1兆6,295億円、営業利益は874億3,000万円、経常利益は846億3,800万円、純利益は480億円であった。

近鉄リテーリングが近鉄の主要駅で展開する駅ナカモール「タイムズプレイス」。写真は宇治山田駅の駅ナカモールの玄関。

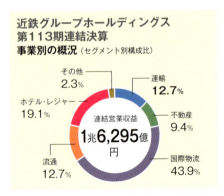

近鉄グループホールディングス
第113期連結決算
事業別の概況（セグメント別構成比）

連結営業収益 1兆6,295億円

- その他 2.3%
- 運輸 12.7%
- 不動産 9.4%
- 国際物流 43.9%
- 流通 12.7%
- ホテル・レジャー 19.1%

近畿日本鉄道の企業がわかる

## アフターコロナ社会を見据えて中期経営計画を策定

　近鉄GHDは2019年5月に「近鉄グループ経営企画」を策定したが、新型コロナウイルス禍により経営環境が大きく変化したことから、「コロナ禍から回復し、新たな事業展開と飛躍に向かうための経営改革」の基本方針のもと、2021年に「近鉄グループ中期経営計画2024」を策定した。新しい価値観が必要とされるアフターコロナ社会を見据え、住みたいまちで働ける社会を共に創る、人が共に助け合う社会の一員となる、心を豊かにする観光を共に育てる、豊かな生活環境を共に育むことにより、地域やそこに暮らす人々と共に、豊かな社会の実現に貢献し、地域の発展と事業利益の拡大の両立を図りたい、というコロナ禍後の近鉄グループの役割を方針付けた。その上で各事業をゼロベースで見直し、大胆な構造改革を進めていくもので、重点施策として、①コスト構造の抜本的見直し、②有利子負債の早期削減、③外部パートナーとの連携強化、④事業ポートフォリオの変革、⑤DX（デジタルトランスフォーメーション）による新規事業・サービスの創出、⑥地域の課題解決を目指したまちづくり、としている。

　この重点施策に対する具体的な取り組みは、損益分岐点を引き下げ、継続的な事業運営の効率化を図ることを第一に挙げている。また、ホテル事業については「グループ事業経営に不可欠な経営資源として資産を保有するホテル」と、「資産を保有せず運営に特化するホテル」に二分化し、外部パートナーとの提携を強化しながら業績の向上を図る。このほか、事業ポートフォリオの変革、近鉄沿線デジタルプラットフォームの構築、駅周辺再開発の推進が挙げられている。

重点施策の取り組みのひとつ「ホテル事業の二軸化経営」により、シェラトン都ホテル東京は「事業の核として資産を保有した経営を継続」するフラッグシップホテルに位置づけられた。

---

**用語解説**

**持株会社**
[もちかぶがいしゃ]

他社の株式を保有するが投資目的ではなく、株を保有した会社の具体的な事業は行わず自社の管理下に置いて、実質的に支配することを目的に設立された会社。実態に応じた労働条件を確立できる、リスク回避が可能、社風が異なる会社を統制できるなどのメリットがある。

17

# KINTETSU 03

## 昔の社名に戻った鉄道もある
## 近鉄グループの鉄道会社

伊賀鉄道（もと伊賀線）、養老鉄道（もと養老線）、四日市あすなろう鉄道（もと内部線・八王子線）、そして東大阪線を延伸したけいはんな線生駒〜学研奈良登美ヶ丘間の第三種鉄道事業者である奈良生駒高速鉄道は近鉄が主要株主で、近鉄GHD傘下の鉄道事業者だ。

伊賀線を転換した伊賀鉄道は、もと東急1000系を改造した200系を運用。第1編成は青地の「忍者列車」ラッピングになっている。

養老線を転換した養老鉄道。近鉄から継承した車両に加えて、2018年から元東急7700系が活躍している。

### 初めは伊賀鉄道・養老鉄道の2社

　近鉄本体から分離した路線は、伊賀線伊賀上野〜伊賀神戸間16.6km、養老線桑名〜揖斐間57.5kmが最初で、2007年に伊賀線は伊賀鉄道、養老線は養老鉄道が経営することとなった。いずれの路線も、転換先が自ら敷設した線路以外の鉄道線路を使用（借用）して列車を運行する第二種鉄道事業者、近鉄がインフラを保有する第三種鉄道事業者として、いわゆる上下分離方式で開業した。伊賀線・養老線とも戦前は伊賀鉄道・養老鉄道を名乗っていた時期もあり、昔の会社名がよみがえった形だ。

　伊賀鉄道伊賀線は1067mm軌間の路線で、伊賀上野でJR関西本線、伊賀神戸で近鉄大阪線と接続する。中間の上野市に本社および車両基地の上野市車庫が併設され、基本的に当駅で運転系統が分離されている。2017年に近鉄はインフラを伊賀市に無償譲渡し、公有民営方式に移行した。

　養老鉄道養老線は、近鉄時代に唯一、岐阜県へ延びていた1067mm軌間の路線だ。桑名で近鉄名古屋線、JR関西本線、三岐鉄道北勢線（西桑名）と、大垣で

近畿日本鉄道の企業がわかる

JR東海道本線、樽見鉄道と接続する。2018年に公有民営方式に移行し、インフラが近鉄から、沿線自治体が設立した養老線管理機構に譲渡され、第三種鉄道事業者となった。また、同年から近鉄GHDの非連結会社に変更されている。

両社は当初、近鉄時代の車両を継承し運用していたが老朽化もあり、近年は東急電鉄からの譲渡車を導入し、伊賀鉄道は全車が元東急1000系の200系に置き換わった。

## ナローゲージの路線が近鉄から分離された

あすなろう四日市（転換前は近鉄四日市）で近鉄名古屋線と接続する四日市あすなろう鉄道内部線・八王子線は、1912年に三重軌道（のち三重電気鉄道）が開業した路線で、全国でも珍しいナローゲージの762mm軌間を採用している。このためほかの近鉄線とは直通運転ができず、また小さい車両ゆえ輸送力も小さく、長年赤字が続いた。2012年に近鉄は内部・八王子線についてBRT（バス高速輸送システム）化の方針を発表したが、翌年に地元の四日市市と公有民営方式での鉄道存続に合意し、2015年に四日市あすなろう鉄道による運営が開始された。同社が第二種鉄道事業者、四日市市が第三種鉄道事業者である。車両は近鉄時代の260系を運用しているが、リニューアル工事が施工されている。

奈良生駒高速鉄道は前出3社と異なり、けいはんな線生駒〜学研奈良登美ヶ丘間を建設した事業者で、地元自治体が50％、近鉄を含む民間が50％の株式を保有する。1998年に設立、同区間の開業は2006年である。開業後は近鉄が第二種鉄道事業者、奈良生駒高速が第三種鉄道事業者となり、開業後は東大阪線長田〜生駒間を含めて路線名が「けいはんな線」となった。

四日市あすなろう鉄道は762mm軌間の15m級車両で営業する。インフラ・車両は四日市市が第三種鉄道事業者となり保有する。

---

**用語解説　BRT［びーあーるてぃー］**

バス・ラピッド・トランジット（Bus Rapid Transit）の略称で、日本ではバス高速輸送システムと呼ばれる。バス専用道路あるいは専用レーンを設けて渋滞を回避し、短い運転間隔でバスを運行する。東日本大震災で被災したJR大船渡線などで、軌道敷をバス専用線としてBRTを運行している例がある。

# KINTETSU 04

## 沿線エリアを中心にバス・タクシー網を築く 近鉄グループの運輸事業

鉄道で成長した近鉄であるが、近鉄GHD傘下には鉄道以外の交通機関、運輸事業者がある。バス・タクシーは沿線エリアを中心に地方の事業者も傘下にあり、物流事業は宅配便大手、国際物流まで広がる。海運は、海に面した伊勢志摩での遊覧船、四国と九州を結ぶフェリーなどがある。

### 沿線エリアを中心にバス・タクシー網を築く

バス事業者は、大阪府の近鉄バス、奈良県の奈良交通・奈良観光バス、三重県の三重交通・三重急行自動車・八風バス、愛知県・岐阜県の名阪近鉄バスなど、近鉄沿線をエリアとするほか、石川県の北日本観光自動車、山口県の防長交通などエリア外を含め、12社がある。

近鉄バスは大阪市と茨木市・吹田市・門真市・東大阪市・八尾市・羽曳野市など、大阪府の東側と、京都市伏見区をエリアに路線バス網を構築する。また、高速バスは関西から東北・関東・甲信・東海・中国・四国・九州へ路線を延ばす。屋根のない観光バスで大阪の名所を周遊する「OSAKA SKY VISTA」も近鉄バスが運行する。

奈良交通は奈良県を、三重交通は三重県を代表するバス事業者で、路線バス・高速バスとも運行する。三重急行自動車は貸切バスを中心に、松

名古屋と大阪を名神高速道路経由で結ぶ、名阪近鉄バスの高速バスが、名古屋駅前で待機する。

三重県のほぼ全域をカバーする三重交通。同社の路線バス、および高速バスのカラーは白地に緑の帯のデザインで、都市部にはノンステップバスも普及してきた。

近畿日本鉄道の企業がわかる

阪市の路線バスを三重交通と共同運行し、八風バスは三重県桑名市をエリアとする事業者だ。名阪近鉄バスは、名古屋〜大阪間の高速バス、および岐阜県大垣市を中心に路線バスを運行する。

タクシーは「近鉄」の冠をもつ近鉄タクシー、奈良近鉄タクシーなどと、三重交通グループの三交タクシー、山口県の防長タクシーホールディングスなどがある。

## グループにはロープウェイ、フェリーも所属する

トラック輸送などの物流が、近鉄GHDでは運輸事業のカテゴリーにある。近畿配送サービスは近鉄百貨店の物流部門を担い、ギフト商品の宅配業務、近鉄百貨店各園への商品調達、輸送業務などを主力とする。宅配便大手の福山通運は近鉄GHD傘下にあったが、2021年5月、近鉄GHDが保有する福山通運の株式を公開買い付けの手法で取得すると発表し、同年6月に近鉄グループから離脱した。しかし、近鉄特急を利用した貨物輸送など、近鉄グループとの業務提携は継続している。

観光要素が強いロープウェイ（索道）は、三重県の御在所岳に架かる御在所ロープウェイ、大分県の鶴見岳に架かる別府ロープウェイがある。

海運は鳥羽湾と英虞湾で遊覧船、さらに英虞湾で内航船を運航する志摩マリンレジャー、豊予海峡を挟む愛媛県三崎と大分県佐賀関を結ぶ国道九四フェリーが近鉄GHD傘下にある。

その他の運輸事業としては、奈良県の新若草山自動車道、オリックスレンタカー店舗として、近鉄沿線でのレンタカー事業を営む近鉄レンタリースがある。

志摩マリンレジャーの賢島エスパーニャクルーズで運航される「エスペランサ」は、帆船タイプの遊覧船。総トン数は約166トン。

**用語解説　英虞湾 [あごわん]**
三重県志摩市に位置する内海で、御座（ござ）岬と浜島町を湾口とする。リアス式海岸と多島海で知られ、全体が伊勢志摩国立公園内にある。真珠・青のりをはじめとする養殖が盛んで、御木本幸吉（みきもとこうきち）が養殖真珠の実験を行ったひとつが英虞湾である。近鉄グループのホテルも沿岸に立つ。

21

# KINTETSU 05

## 沿線を中心とした宅地開発から野菜工場まで
## 近鉄グループの不動産事業

阪急電鉄を今日のように築いた小林一三は、鉄道の利用者を増やす施策として沿線の宅地開発を推進し、これが私鉄経営のモデルケースのひとつとなっている。近鉄においても乗客増の一環として沿線を中心に不動産事業を展開し、その内容は分譲・賃貸・リフォームなど多岐に渡る。

## 「心が動く新しい暮らしづくり」の一端を担う

　近鉄GHDの不動産事業には、近鉄不動産、三重交通グループホールディングス（三交GHD）、奈良観光土地などがある。三交GHDの傘下には三交不動産、三交不動産鑑定所があり、これらの企業も三交GHDを介してであるが、近鉄グループに入っている。事業の中身は、賃貸・分譲・リフォームに加えて、近年ではメガソーラー、そして農業事業まで加わっている。

　オフィスビル賃貸事業では関西圏を中心に展開してきたが、近年は東海圏、さらに首都圏にも拡大している。また、ファミリー層・単身・学生など、それぞれのニーズに合致した賃貸マンションも経営する。

　賃貸事業では、ターミナル駅を中心に沿線駅前の商業ビルを運営し、駅を中心としたまちづくりに貢献している。

　顧客にとって一生に何度もない大きな買い物になる分譲事業については、安心に裏付けされた上質な住ま

あべのハルカスは近鉄不動産が管理運営する。低層階には近鉄百貨店あべのハルカス近鉄本店とあべのハルカス美術館、中層階にはオフィス、高層階には大阪マリオット都ホテルと展望台が入居する。

近畿日本鉄道の企業がわかる

いを目指し、品質、外観に力を入れる、とする。これにより分譲マンションではグッドデザイン賞受賞の実績をもっている。

　また、戸建て住宅に関しては省エネルギー・創エネルギーをかなえる設備を積極的に取り入れ、家庭と環境にやさしく、資産価値の高い「長寿命」の新築分譲住宅を展開している。

近鉄不動産が分譲するマンションは、関西圏・東海圏だけでなく首都圏にも広がる。東京メトロ南北線白金高輪駅最寄りの「ローレルアイ白金」は地上7階、総戸数30戸のコンパクトなマンションで、2013年11月に建てられた。

## ユニバーサルデザインを取り入れたリフォーム事業

　近年の不動産事業は宅地開発・新築だけではなく、従来家屋のリフォームも重要な事業となっている。近鉄グループの不動産事業では「健康、快適、安全、安心、ECO」をテーマにリフォーム・リノベーション事業を展開している。近鉄不動産では「近鉄のリフォームNEWing」のブランド名で、沿線2府3県と兵庫県を対応エリアにリフォーム・新築の請負工事を行うほか、沿線の不動産仲介、リフォーム、戸建ての営業拠点27店舗がネットワークでつながり、住まいのあらゆる相談にワンストップで対応する総合窓口「住まいと暮らしのぷらっとHOME」を展開している。

　近年、増えてきたメガソーラー事業は、近鉄不動産が三重県伊賀市、名張市、伊勢市、志摩市、奈良県大淀町、大分県大分市で展開している。6カ所の合計出力規模は約3,000万kWhで、一般家庭用約6,000世帯分の電気使用量に相当する。

　農業事業は、2011年に近鉄・丸紅・近畿大学の共同で、完全人工光型工場と太陽光を利用した農業用ハウスを奈良県大淀町の自社所有地に建設。近鉄不動産の一事業として「近鉄ふぁーむ 花吉野」を運営し、トマト、フリルレタスの生産を行う。また、奈良県北登美ヶ丘では貸し菜園の事業も展開している。

### 用語解説　創エネルギー［そうえねるぎー］

家庭においてエネルギーを節約するだけでなく、積極的にエネルギーを作り出すものを指す。太陽光発電システムや家庭用燃料電池、ガスコージェネレーションなどを通じてエネルギーをつくり、その際に二酸化炭素、窒素酸化物などの有害物質を排出しないクリーンエネルギーを用いるケースが一般的だ。

# KINTETSU 06

## 沿線での生活を豊かにする
## 近鉄グループの流通事業

百貨店・スーパーマーケットなどの流通事業は、鉄道利用者を増やす上で私鉄経営の重要な要素である。近鉄グループでは百貨店・スーパーマーケットのほか、駅構内の売店・飲食店の経営、高速道路のサービスエリアでの売店受託、自動車販売業など、携わる企業は多岐に渡る。

地上11階、地下1階の近鉄四日市駅ビルに、三重県唯一の近鉄百貨店(四日市店)が入居する。

四日市駅改札口を抜けると、近鉄百貨店四日市店に直結。至近距離にあり、買い物客には便利な構造だ。

### 大阪阿部野橋に本店を構える近鉄百貨店

　近鉄百貨店は、上本町店が大阪電気軌道系、阿倍野店が大阪鉄道系、さらに京都近鉄百貨店(2007年に閉店)が丸物と、ルーツが異なる百貨店が合併して現在の形態になっている。かつては東京都吉祥寺、大分県別府にも出店していたが、いずれもすでに閉店されている。

　本店はかつての阿倍野店で、大阪阿部野橋に併設されているあべのハルカスに入居し、売場面積は西側のタワー館と東側のウイング館を合わせて100,000㎡と、日本最大級を誇る。このほか上本町店(大阪上本町駅ビル内)、奈良店(大和西大寺駅前)、生駒店(生駒駅前)、東大阪店(布施駅高架下)、橿原店(大和八木駅前)、四日市店(近鉄四日市駅ビル内)、近鉄パッセ(名古屋店、近鉄名古屋ビル内)と沿線地域に店を構え、さらに沿線外には草津店(JR草津駅前)、和歌山店(JR和歌山駅前)を展開する。また、大阪阿部野橋に「Hoop」「and」、大阪上本町に「上本町YUFURA」のショッピングスポットを設けている。

近畿日本鉄道の企業がわかる

## 食品から自動車まで、さまざまな小売業を展開

　近鉄グループにおけるスーパーマーケット事業は近商ストアが、大阪・京都・奈良で展開している。一般的なスーパーマーケットは「スーパーマーケットKINSHO（きんしょう）」、食品に特化した店舗は「Harves（ハーベス）」、都市型小型店「スーパーマーケットKINSHO Pochette（ポシェット）」とブランドを分け、合わせて大阪地区に20店、奈良地区に12店、京都地区に向島店などの4店を展開している。かつては三重県、兵庫県、香川県にも出店していた。

　このほか、奈良県で観光物産店や道の駅を経営する奈交サービス、駅ナカ商業施設および近鉄特急のアテンダントサービスを行う近鉄リテーリングなどがある。「近鉄友の会」は各種イベントや提携施設を、積み立てた会費を用いて会員ならではの優待価格で利用できるサークルだ。優待施設は近鉄系の都ホテル、あべのハルカスの展望台、松伯（しょうはく）美術館、大和文華館、さらに飲食店、結婚式場、スポーツクラブ・乗馬体験、自動車整備などが含まれている。

　このほか自動車ディーラーの三重いすゞ自動車、自動車整備事業の奈交自動車整備、ガソリンスタンド経営の三重交通商事などが近鉄グループの流通事業のグループ会社に含まれている。

近鉄は2013年3月にファミリーマートと業務提携し、駅ナカ売店・コンビニ店はファミリーマートになった。

志摩スペイン村の至近に立地する、近鉄グループの三重交通商事が経営するガソリンスタンド。

### 用語解説

**丸物**　[まるぶつ]

大正時代に京都で誕生し、全国展開した百貨店で、京都近鉄百貨店・枚方（ひらかた）近鉄百貨店の前身にあたる。一時期は、京都・枚方のほか、東京・豊橋・岐阜・大垣・北九州に展開した。1977年に近鉄の資本参加を受けたが、2012年の枚方店を最後に旧丸物の店舗はすべて消滅した。

25

# KINTETSU 07

## ホテル・旅館、旅行会社を内包する近鉄グループのホテル・レジャー事業

近鉄は沿線に京都・奈良・吉野・伊勢志摩などの観光地を控え、古くから旅行業、レジャー産業に力を入れてきた。この事業には「都ホテル」のブランドでホテル業、志摩スペイン村に代表されるテーマパーク、さらに日本第2位の取扱高を誇る旅行会社が入っている。

### 持株会社に形態を変更、近畿日本ツーリスト

近鉄グループの旅行会社、近畿日本ツーリストはグループの旅行事業再編により、2013年に中間持株会社のKNT-CTホールディングス（以下、KNT-CT）に社名を変更し、旅行業は子会社の近畿日本ツーリスト北海道・関東などの地域会社、海外在住の旅行会社などに継承された。その後、KNT-CTは2021年10月1日付けで近畿日本ツーリスト首都圏の商号を「近畿日本ツーリスト」と変更し、地域会社7社とKNT-CTウェブトラベルの連結子会社8社を吸収合併した。全国組織としての近畿日本ツーリストの復活は、8年10カ月ぶりだ。

電話やインターネットなどで申し込みを受けるメディア販売型旅行会社のクラブツーリズムもKNT-CT傘下で、2011年から近鉄にはクラブツーリズム専用車両「かぎろひ」が在籍している。

沿線を中心に全国展開する近鉄・都ホテルズは、「都ホテルズ＆リゾーツ」の名称でチェーン展開している。シティホテルの「都ホテル」9店、ビジネスホテルの「都シティ」4店、リゾートホテ

近鉄グループの旅行会社、近畿日本ツーリストは市中だけでなく、近鉄の主要駅構内にも店舗を構えている。

12200系を種車とする15400系「かぎろひ」は、近鉄グループの旅行会社、クラブツーリズム主催旅行専用車として、2011年から営業運転に就いている。

近畿日本鉄道の企業がわかる

ルの「都リゾート」3店にブランドが分かれ、都ホテルにはシェラトン、ウェスティン、マリオットといった海外の有名なホテルチェーンと提携したホテルもある。さらにアメリカ・カリフォルニア州に2店舗を展開する。都リゾートの3店はいずれも伊勢志摩に立地する。

またユニバーサル・スタジオ・ジャパンのオフィシャルホテルのひとつ、ホテル近鉄ユニバーサル・シティ、志摩スペイン村のオフィシャルホテルであるホテル志摩スペイン村、賢島宝生苑も都ホテルズ&リゾーツに加盟している。

都ホテル&リゾーツ以外の近鉄グループのホテルは、三重交通グループホールディングス傘下でもある三交イン、鳥羽シーサイドホテルなどがある。

## アクセス用特急が誕生した志摩スペイン村

レジャー業では、1987年に施行された総合保養地域整備法(リゾート法)に合わせて翌年策定された「三重サンベルトゾーン」構想に基づき、1994年に志摩市で志摩スペイン村を開業した。テーマパーク「パルケエスパーニャ」、ホテル志摩スペイン村、天然温泉「ひまわりの湯」で構成され、伊勢志摩への観光入込客数は伊勢神宮とともに大きな割合を占めている。その後、志摩スペイン村の事業主体は近鉄レジャークリエイトに移行している。同社は賢島宝生苑、志摩マリンレジャーを完全子会社とし、経営管理を行う。

このほか、沿線でゴルフ場を経営する企業も多く、生駒山上遊園地、大阪の著名な水族館である海遊館も近鉄グループだ。

1994年に開園した志摩スペイン村「パルケエスパーニャ」では、連日、趣向を凝らしたエンターテイメントで、来園者に楽しいひとときを提供する。

### 用語解説 リゾート法 [りぞーとほう]

正式名称を総合保養地域整備法と称し、多様な余暇活動が楽しめる場を、民間の力を活用して整備することを目的に、1987年に制定された。しかし、自然環境への悪影響、乱開発、地元経済の悪化などの問題が持ち上がり、バブル経済崩壊後は計画の破綻が相次ぎ、めざましい成果は上げられていないとの批判がある。

27

# KINTETSU 08

## グループ内で鉄道車両メーカーも抱える 近鉄グループのその他の事業

近鉄の車両は現在、近鉄グループの近畿車輛で製造されている。現在ではグループ内に車両メーカーを抱える鉄道事業者は珍しい。また、国際ロジスティックスサービスを行う近鉄エクスプレスが、2022年5月に近鉄GHDの完全子会社となり、事業セグメントに「国際物流」が加わった。

JR西日本の特急「サンダーバード」用683系4000番代は近畿車輛で製造された。両先頭車とも貫通型とし、初めてオフセット衝突対策構造を取り入れている。4000番代の導入で485系「雷鳥」が廃止された。

JR西日本の豪華列車「TWILIGHT EXPRESS 瑞風(トワイライトエクスプレスみずかぜ)」用87系のうち、近畿車輛は両先頭車の1・10号車、ラウンジカー・ダイニングカーを含む5〜7号車の計5両を製造した。

### 新幹線車両も製造する近畿車輛

　私鉄が車両メーカーを系列とする例は、東急が東急車輛製造、西武が西武所沢車両工場にあった。しかし、東急車輛は2011年にJR東日本系の総合車両製作所へ、西武所沢車両工場は2000年に閉鎖され、2021年現在は近鉄系の近畿車輛、阪急阪神ホールディングス系のアルナ車両に見られる。

　近畿車輛は1920年に田中車輛工場として誕生し、1945年に近鉄へ譲渡され、商号が近畿車輛に変更された。2012年にJR西日本が近鉄から発行済み株式の5%を取得し、近鉄に次ぐ大株主となると同時に、車両製造の業務提携契約を締結した。工場はJR学研都市線徳庵駅に近い。

　名古屋線6421系の一部を除いて、以降の近鉄車両の全車を製造している。国鉄・JRでは0系・100系・N700系新幹線、101系・103系、287系、323系などの在来線電車を製造した。このほか大手私鉄、公営地下鉄、広島電鉄の低床路面電車(LRV)、海外向けには香港九広鉄路の客車、エジプト・カイロの地下鉄・路面電車、タイ国鉄の気動車・客車などを手がけた実績がある。

近畿日本鉄道の企業がわかる

仙台市営地下鉄東西線は鉄輪式リニアモーター駆動を採用する。2015年12月の開業時から近畿車輛製の2000系が運用されている。

国産初の100％超低床電車の広島電鉄5100形「グリーンムーバーマックス」は、近畿車輛、三菱重工業、東洋電機製造、広島電鉄が共同開発した。

　鉄道関係では、近鉄電気エンジニアリングが鉄道電気工事・駅務機器関連工事などを、近鉄車両エンジニアリングが車両の更新・改良工事、メンテナンス作業を取り扱う。土木関係では大日本土木、近鉄軌道エンジニアリングが近鉄グループに入っている。

## 新たなセグメント「国際物流」が加わる

　近鉄GHDは2022年5月、持分法適用会社であった近鉄エクスプレスに対し、株式公開買付けを実施し、8月に同社を完全子会社化した。近鉄エクスプレスは海外46カ国、298都市、688拠点（2022年3月末現在）をもつ、日本の大手国際物流企業。近鉄GHDは、新型コロナウイルス禍や少子高齢化で主力の鉄道・レジャー事業の成長が難しいなか、法人向けの物流事業を伸ばすねらいがあった。これにより近鉄GHDの4事業セグメントに、「国際物流」という新たなセグメントが加わった。この中には近鉄エクスプレスの子会社である近鉄ロジスティックス・システムズ、近鉄コスモス、近鉄エクスプレス販売などがある。

　文化事業に力を注いでいるのも近鉄の特徴だ。1960年に近鉄創立50周年記念事業の一環として大和文華館が開館。国宝4件、重要文化財31件を含む日本を中心に東洋の古美術約2,000点を収蔵する。松伯美術館は日本画家の上村松園・松篁・淳之の作品を収集・保管・展示する美術館で、近鉄の第7代社長、佐伯勇の邸宅敷地内に建設されている。

---

**用語解説　上村松園　［うえむらしょうえん］**

1875年に京都市の葉茶屋の次女として生まれた日本画家。明治の女性が画家を志すなどタブーとされていた時代にあって、気品あふれる美人画を発表し続けた。「母子」「序の舞」は重要文化財に指定されている。1948年に女性として初めて文化勲章を受章し、翌年74歳で死去した。松篁は松園の長男、淳之は孫で、親子三代続いて芸術院の会員である。

# KINTETSU COLUMN
# 近鉄の社章と経営理念

## 社会の繁栄に寄与する高い理想と経営意図を表現

　近鉄の社章は1944年に関西急行鉄道と南海鉄道が合併し、近畿日本鉄道が発足した際に制定された。デザインは「近」と「人」の文字を図案化し、社名を暗示するとともに「人の和」を表現、全体の図形は日輪と転動驀進する車輪をかたどった。内には「大和」の精神をモットーに、外には太陽のように止まることなく社会の発展に寄与するという高い理想と経営意図を表現している。社章は駅員・運転士などの制帽、車両などに使用されている。

　近鉄タクシーや養老鉄道・伊賀鉄道はマークの一部を加工したものを社章に採用している。また、持株会社の近鉄GHDは近鉄の社章とは別のシンボルマークを制定している。

　一方、近畿日本鉄道の経営理念は、近鉄グループの経営理念でもあり、以下のものが発表されている。

「いつも」を支え、「いつも以上」を創ります。

わたしたちは、誠実な企業活動により、暮らしの安心を支えます。

わたしたちは、果敢な挑戦により、新たな価値を創出します。

わたしたちは、多様な人々との協働により、社会に貢献します。

けいはんな線7000系の側窓下に掲出された社章。

近鉄の社章はきっぷの地紋にも使用されている。

近鉄タクシーは、近鉄の社章の中心にタクシーの「T」の文字を入れたものを社章としている。

# CHAPTER 2 第2章

## 近畿日本鉄道の

# 路線がわかる

普通鉄道・鋼索線合わせて 23 線を有する近鉄は、前身の大阪電気軌道が大阪〜奈良間を開業して以来、近畿圏を中心に路線網を広げ、名古屋・京都・吉野・伊勢志摩を結んだ。また、各線がたどってきた歴史により、軌間は標準軌の1435mm と狭軌の 1067mm の 2 種類が存在する。

※駅一覧表は、起点から順に掲載しています。

# KINTETSU 09

## 近鉄の創業路線で、阪神電鉄と直通する奈良線・難波線

奈良線は近鉄の前身である大阪電気軌道が初めて敷設した路線である。大阪と奈良を国有鉄道の関西本線よりも短い時間で結んだことが会社成長の原動力となった。難波線は実質的にこの奈良線を西へ延ばしたもので、大阪ミナミの繁華街・難波に通じている。

### 改良を重ねて輸送力を強化、車窓も楽しい奈良線

奈良線は、布施と近鉄奈良を結ぶ26.7kmの路線である。路線の西端は大阪線・難波線と結ばれ、列車の運転系統は、大阪難波〜近鉄奈良間32.8kmで構成されている。

開業は1914年で、大阪電気軌道(大軌)の上本町(現・大阪上本町)〜奈良(現・近鉄奈良)間として営

近鉄奈良線は平城宮跡を横断しており、大和西大寺〜新大宮間に朱雀門が位置する。

業を開始。沿線の宅地化が進むにつれて、大阪への通勤輸送に欠かせない重要路線となった。1964年には新生駒トンネルが開通して大型車が奈良まで入線、1969年には架線電圧が600Vから1,500Vに昇圧された。この年には油阪(のち廃止)〜奈良間の地下化も行われている。

2009年には阪神電気鉄道阪神なんば線が開業、近鉄・阪神の2社による奈良

■奈良線　布施〜近鉄奈良間

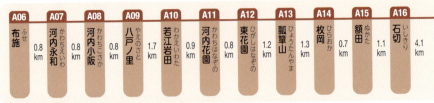

| A06 布施 ふせ | 0.8km | A07 河内永和 かわちえいわ | 0.8km | A08 河内小阪 かわちこさか | 0.8km | A09 八戸ノ里 やえのさと | 1.7km | A10 若江岩田 わかえいわた | 0.9km | A11 河内花園 かわちはなぞの | 0.8km | A12 東花園 ひがしはなぞの | 1.2km | A13 瓢箪山 ひょうたんやま | 1.3km | A14 枚岡 ひらおか | 0.7km | A15 額田 ぬかた | 1.1km | A16 石切 いしきり | 4.1km |

32

近畿日本鉄道の路線がわかる

～神戸三宮間の直通運転が開始された。

新生駒トンネルの西側出入口は生駒山地の中腹にあり、石切付近の車窓からは、大阪平野の大パノラマを見ることができる。一方、奈良市内の大和西大寺～新大宮間では平城宮の遺跡を横断し、電車は広大な更地の中を走っている。遺跡の保護を図るため、この区間は移設と地下化が計画されている。

## 奈良線と一体化した難波線、阪神のなんば線と直通する

難波線は、大阪上本町と大阪難波を結ぶ2.0kmの路線である。かつて上本町に発着していた奈良線を都心へ延ばした路線で、大阪万国博覧会の開催にあわせて1970年に開業した。書類上では、上本町～布施間は大阪線、上本町～難波間は難波線であるが、奈良線と大阪線は布施から西も別線になっており、上本町の手前の鶴橋から、奈良線だけが地下へ潜って難波に至る。ただし、大阪線の列車でも直通需要の大きいものは、鶴橋の東方で転線して難波まで乗り入れる。名古屋や伊勢志摩と結ぶ特急列車がそれである。

難波の西には2009年に阪神電気鉄道阪神なんば線が開業し、近鉄の難波線を含む近鉄奈良～神戸三宮間で、2社の相互直通運転が始まった。阪神線との接続には難波駅西方にあった引上線が転用されたので、新線の開業後、近鉄線内の折り返し電車は終着後に阪神の桜川まで回送され、そこで方向転換を行っている。

千日前通に面した大阪難波駅。ホームは地下にあり、奈良線～阪神電鉄線の列車と、名古屋・伊勢志摩方面への特急が発着する。

■難波線　大阪上本町～大阪難波間

| A17 生駒 いこま | A18 東生駒 ひがしいこま | A19 富雄 とみお | A20 学園前 がくえんまえ | A21 菖蒲池 あやめいけ | A26 大和西大寺 やまとさいだいじ | A27 新大宮 しんおおみや | A28 近鉄奈良 きんてつなら | A03 大阪上本町 おおさかうえほんまち | A02 近鉄日本橋 きんてつにっぽんばし | A01 大阪難波 おおさかなんば |
|---|---|---|---|---|---|---|---|---|---|---|
| 1.2 km | 2.3 km | 1.4 km | 1.0 km | 2.2 km | 2.7 km | 1.7 km | | 1.2 km | 0.8 km | |

33

# KINTETSU 10

## 1府2県を横断する大幹線
## 大阪線

大阪線は大阪市内から近畿中部の山地を横切り、名古屋線・山田線と結ぶ大幹線である。山田線を含む上本町〜宇治山田間は1931年に全通し、名古屋、さらに志摩方面への足掛かりとなった。大阪寄りの沿線は宅地開発が進み、通勤輸送でもにぎわっている。

### 険しい地形を技術で克服、私鉄有数の長距離路線

　大阪線は、大阪上本町と伊勢中川を結ぶ108.9kmの路線である。大阪方から大阪平野、奈良盆地、伊賀盆地、伊勢平野を貫き、4つの平地の境界では、生駒・金剛山地、大和高原・笠置山地、布引山地を横断する。最高所は布引山地の青山峠で、列車は徐々に高度を上げ、この峠から一気に下る。青山峠の西青山〜東青山間は、大手私鉄最長の新青山トンネル（5,652m）で結ばれている。

　終点の伊勢中川では名古屋線・山田

大阪上本町〜布施間は大阪線と奈良線が方向別複々線で、両線の列車が並ぶ。左から阪神電車の奈良線東花園行き普通、大阪線高安行き普通、大阪線大阪上本町行き特急。

■大阪線　大阪上本町〜伊勢中川間

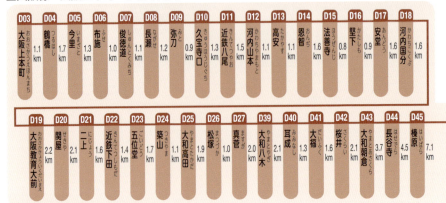

| 駅番号 | 駅名 | 区間キロ |
|---|---|---|
| D03 | 大阪上本町 | |
| D04 | 鶴橋 | 1.1 km |
| D05 | 今里 | 1.7 km |
| D06 | 布施 | 1.3 km |
| D07 | 俊徳道 | 1.0 km |
| D08 | 長瀬 | 1.3 km |
| D09 | 弥刀 | 0.9 km |
| D10 | 久宝寺口 | 1.5 km |
| D11 | 近鉄八尾 | 1.3 km |
| D12 | 河内山本 | 1.5 km |
| D13 | 高安 | 1.2 km |
| D14 | 恩智 | 1.6 km |
| D15 | 法善寺 | 0.8 km |
| D16 | 堅下 | 0.9 km |
| D17 | 安堂 | 1.6 km |
| D18 | 河内国分 | 1.6 km |
| D19 | 大阪教育大前 | |
| D20 | 関屋 | 2.2 km |
| D21 | 二上 | 2.1 km |
| D22 | 近鉄下田 | 1.6 km |
| D23 | 五位堂 | 1.4 km |
| D24 | 築山 | 1.1 km |
| D25 | 大和高田 | 1.9 km |
| D26 | 松塚 | 1.0 km |
| D27 | 真菅 | 2.0 km |
| D39 | 大和八木 | 1.3 km |
| D40 | 耳成 | 1.6 km |
| D41 | 大福 | 2.1 km |
| D42 | 桜井 | 3.7 km |
| D43 | 大和朝倉 | 4.5 km |
| D44 | 長谷寺 | 7.1 km |
| D45 | 榛原 | |

# 近畿日本鉄道の路線がわかる

線と接続し、大阪線では、これら２路線と直通する名阪特急（近鉄名古屋〜大阪難波間）、阪伊特急（大阪難波・大阪上本町〜賢島間など）が主力となっている。また、沿線には大阪方から八尾、大和高田、桜井、名張などの都市があり、桔梗が丘（名張市）から西の区間は大阪市内への通勤客が多い。長距離通勤が多いのも大きな特徴で、通勤時間帯に名張などに停車する大阪方面の特急は、長編成で運転されている。

## 伊勢神宮への足として建設、戦後に輸送力を強化

　大阪線は、大軌の創業路線（上本町〜奈良間）の一部として1914年に開業した。1924年に布施〜八尾間が八木線として開通、のちに桜井線と改称し、1929年に上本町から桜井までが桜井線として全通した。その先は子会社・参宮急行電鉄の路線となり、1930年に山田（現・伊勢市）まで、翌31年に宇治山田まで全通した。従来の国有鉄道関西本線・参宮線に代わる、新たな伊勢参宮ルートの誕生である。大軌と参急は1941年に合併して関西急行鉄道（関急）となり、戦時の再編を経て近鉄となった。

　戦後は大阪圏で通勤ラッシュが激化、その対策として、上本町〜布施間が複々線

大阪線の急行は桜井〜榊原温泉口間で各駅に停車し、列車本数が減少する奈良・三重県境を挟む区間を補完する。

化された。この工事は1956年に完成、大阪線と奈良線の分離が行われた。また、1959年には名古屋線の改軌で大阪〜名古屋間の直通が、さらに1970年には鳥羽線の開業で大阪線〜志摩線の直通が実現した。これらに伴う需要の増加で、1975年には伊賀上津〜榊原温泉口間が新青山トンネル経由の新線に切り替えられ、大阪線は全線が複線化されている。

# KINTETSU 11

## 名刹を結ぶ参詣路線として誕生
## 信貴線・西信貴鋼索線

信貴線と西信貴鋼索線は、生駒山地の南部に位置する信貴山へ西から上る路線である。東側の鉄軌道のほうが先にできたが、鋼索線は西側の路線だけが生き延びた。信貴山の山上には、真言宗の名刹・朝護孫子寺があるが、信貴線は大阪市内への通勤路線の様相を見せている。

### 鉄道2路線とケーブルカーが結んだ西信貴

近鉄の信貴線と西信貴鋼索線（西信貴ケーブル）は、信貴山の西側のルートを担う。信貴線は大阪線の河内山本と信貴山口を結ぶ2.8kmの普通鉄道、西信貴鋼索線はその終点・信貴山口と高安山を結ぶ1.3kmのケーブル鉄道である。高安山から信貴山門までは、近鉄バスで結ばれている。

西信貴ルートの3つの路線は、1930年の同じ日に開業した。最高部はバスではなく普通鉄道で、山上平坦線（のち信急平坦線）と呼ばれていた。当初は近鉄の前身・大軌が信貴線を、信貴山電鉄（翌年に信貴山急行電鉄と改称）が鋼索線・山上平坦線を運営していた。だが、信急の2路線は太平洋戦争に伴う国策で休

信貴線は線内折り返し運転が基本だが、2018年12月15日に信貴線・西信貴鋼索線開業88周年記念として、大阪線直通準急列車が運転された。

信貴山口駅は信貴線と西信貴鋼索線の接続駅。改札を抜けるとケーブルカーが待っている。

近畿日本鉄道の路線がわかる

止させられ、この時期に近鉄の路線となった。なお、信貴線の服部川～信貴山口間には、近鉄の鉄道線で最急の40‰勾配がある。

鋼索線の再開は1957年に行われたが、山上平坦線は廃止、バス路線に転換された。1964年には鋼索線が西信貴鋼索線に改称され、現在のサービス体制が確立した。

西信貴鋼索線のケーブルカーは、2021年に車体補修工事が実施され、1957～87年にまとっていたカラーが復活した。

## 生駒線の駅からケーブルカーが結んだ東信貴鋼索線

現在の東信貴ルートはバス路線のみだが、かつては軌道系の路線があった。それは近鉄の東信貴鋼索線(東信貴ケーブル)で、生駒線の信貴山下から信貴山までの1.7kmを結んでいた(信貴山下駅は1951年まで山下、同年から1956年まで信貴山口と呼称)。

こちらの開業は西側より早く、生駒線王寺～信貴山下間と同じ1922年に営業を始めている。鉄道線・鋼索線とも信貴生駒電気鉄道の運営で、大阪市内から王寺までは、関西本線でのアクセスが前提になっていた。ところがその後、大軌の桜井線(現・大阪線)と結ぶ西信貴ルートが開業、東側の参詣者は激減してしまう。1940年には信貴山電鉄開通以前の収入まで回復し、翌41年に東邦電力から関西急行鉄道の系列に入った。戦時中の東信貴鋼索線は地元向けの路線であったことから、休止されずに存続した。近鉄との合併は1964年に行われ、2本になった信貴鋼索線は、「東」と「西」で呼び分けられた。その後、信貴山の東側には道路が整備され、東信貴鋼索線は1983年に廃止されている。

■信貴線　河内山本～信貴山口間

| J12 河内山本 かわちやまもと | | J13 服部川 はっとりがわ | | J14 信貴山口 しぎさんぐち |
|---|---|---|---|---|
| | 2.0km | | 0.8km | |

■西信貴鋼索線　信貴山口～高安山間

| Z14 信貴山口 しぎさんぐち | | Z15 高安山 たかやすやま |
|---|---|---|
| | 1.3km | |

37

# KINTETSU 12

## 生駒駅をターミナルに延びる参詣路線 生駒線・生駒鋼索線

生駒線は生駒山地の東側を走り、信貴山朝護孫子寺への参詣輸送と、沿線から大阪方面への通勤輸送を担う。生駒鋼索線は生駒山のケーブルカーで、宝山寺を境に山麓方と山上方の2路線が連携する。山麓方の路線は利用者が多く、2本の軌道が並設されている。

信貴山東麓の比較的平坦な土地に延びる生駒線。ほぼ全線で竜田川と並行する。

生駒線は全列車が各駅停車で、日中、1時間あたり3往復が設定されている。

### 信貴生駒電鉄が運営した生駒線、低迷を脱して通勤路線に

生駒線は、JR関西本線の王寺と近鉄奈良線の生駒を結ぶ12.4kmの路線である。信貴生駒電気鉄道によって1922年に王寺〜山下(現・信貴山下)〜信貴山間が開業した。生駒への延長工事は翌23年の関東大震災による不況のため進まなかった。一方、京都から真言律宗の大本山・宝山寺(生駒聖天)への参詣などのために枚方と生駒を結ぶ生駒電気鉄道が1921年に創立された。こちらも不況で建設ができず、大阪株主協会の提案で1924年に合併した。翌25年に三重合同電気の資本参加を受け、不良資産の整理も同時に行われ、新会社「信貴生駒電鉄」が創立

■生駒線 王寺〜生駒間

| G28 王寺 | 0.9km | G27 信貴山下 | 0.8km | G26 勢野北口 | 1.4km | G25 竜田川 | 1.4km | G24 平群 | 1.2km | G23 元山上口 | 1.3km | G22 東山 | 0.9km | G21 萩の台 | 1.0km | G20 南生駒 | 1.2km | G19 一分 | 1.1km | G18 菜畑 | 1.2km | G17 生駒 |

近畿日本鉄道の路線がわかる

された。これにより1927年に生駒まで全通し、1929年に枚方線私市〜枚方東口間が開業した。枚方線は1939年に京阪電気鉄道の子会社、交野電鉄に譲渡され、現在の京阪電鉄交野線となっている。

信貴電は戦後の1964年に近鉄と合併し、王寺〜生駒間は生駒線となった。その後は沿線で宅地開発が進み、大阪都市圏の通勤路線に成長している。

生駒線の線路は、生駒山地と矢田丘陵に挟まれた細い平地をたどる。

## 複数の軌道がある生駒鋼索線 4線並列の眺めは圧巻

生駒鋼索線は、生駒駅前から生駒山へ登るケーブルカーである。宝山寺線・山上線の2路線があり、あわせて2.0kmを運営している。

宝山寺線は、生駒駅に至近の鳥居前と宝山寺を結ぶ。この区間は1918年に日本初のケーブルカーとして開業した。生駒聖天への足とされたが、今では山上への行楽輸送、また中腹から大阪・奈良への通勤輸送も行っている。スタンダードな単線交走式だが、軌道は1号線・2号線の2線があり、中間の行き違い区間には4線が並ぶ。単線並列のケーブルカーは、日本ではこの宝山寺線だけである。

山上線は宝山寺と生駒山上を結ぶ。こちらは単線1本だが、宝山寺方から梅屋敷、霞ヶ丘の2駅があり、車両は中間で行き違う。開業は1929年で、以来、生駒山上遊園地への足として親しまれている。

行楽客に楽しんでもらおうと、宝山寺1号線では犬と猫をかたどった車両、山上線ではオルガンとケーキをイメージした車両が使われている。

生駒鋼索線の麓駅、鳥居前駅は生駒駅の目の前に位置する。駅舎の屋根には山上遊園地の看板を掲出。

ケーブルカーでは珍しい単線並列の宝山寺線。コ12「ミケ」が見かけ上、複々線の中間点に差しかかった。

■生駒鋼索線　鳥居前〜生駒山上間

| Y17 | Y18 | Y19 | Y20 | Y21 |
|---|---|---|---|---|
| 鳥居前 とりいまえ | 宝山寺 ほうざんじ | 梅屋敷 うめやしき | 霞ヶ丘 かすみがおか | 生駒山上 いこまさんじょう |
| | 0.9 km | 0.3 km | 0.4 km | 0.4 km |

39

# KINTETSU 13

## 地下鉄に直結して、大阪都心部へ乗り入れる けいはんな線

けいはんな線は、奈良線の通勤ラッシュを緩和するためにつくられた。西は地下鉄のOsaka Metro（大阪メトロ）中央線に直通して都心へアクセス、東は京阪奈丘陵のニュータウンに乗り入れる。地下鉄と同じ第三軌条集電の鉄道で、電車の屋根にはパンタグラフがない。

### 大阪メトロ中央線と相互乗り入れ

　けいはんな線は、長田と学研奈良登美ヶ丘を結ぶ18.8kmの路線である。奈良線の北側をほぼ並走し、途中駅の生駒で奈良線と接続する。朝夕のラッシュ時に奈良線のバイパスとなり、混雑を分散させるのがこの路線の役割である。「けいはんな」は京都・大阪・奈良の3府県にまたがる京阪奈丘陵を指し、この地に展開する関西文化学術研究都市（学研都市）を意味する言葉でもある。

　起点の長田では大阪メトロ（地下鉄）の中央線（コスモスクエア～長田間17.9km）と結ばれ、近鉄の車両はコスモスクエアまで、地下鉄の車両は学研奈良登美ヶ丘まで直通する。開業は地下鉄線のほうが先のため、けいはんな線はこれにあわせて第三軌条集電を採用しており、近鉄の他の路線とは直通できない（軌間は奈良線と同じ1435mm）。また、新石切～生駒間にある生駒トンネルは、

新石切駅の手前（写真奥）で地上に出て高架となるけいはんな線。新石切以西は阪神高速13号東大阪線の下に延びる地下線である。

# 近畿日本鉄道の路線がわかる

1964年まで奈良線が使用していたトンネルの生駒方を再利用したものである。なお、相互直通運転を行う全区間の総称として、「ゆめはんな」という呼称が設けられている。

## 生駒の西は近鉄の直営、東は上下分離の2社運営

　この路線はまず長田〜生駒間に計画され、その事業者として、1977年に近鉄の子会社・東大阪生駒電鉄が設立された。同社は開業前に近鉄に合併され、路線は1986年に東大阪線として開業した。長田以西の区間も比較的新しく、中央線の深江橋〜長田間は1985年の開通である。

　平成期に入ると京阪奈丘陵の開発が進み、この地まで東大阪線を延伸することになった。建設は第三セクターの新会社である奈良生駒高速鉄道が担当し、2006年に生駒〜学研奈良登美ヶ丘間が開通した。また、これを機に路線名が変更され、長田〜生駒〜学研奈良登美ヶ丘間の全線が「けいはんな線」となった。生駒から東は奈良生駒高速鉄道がインフラを保有する第三種鉄道事業者、近鉄はこの会社から線路を借りて列車を走らせる第二種鉄道事業者である。

東花園検車区東生駒車庫の脇を大阪市内に向けて進む7000系。けいはんな線は近鉄で唯一、第三軌条集電を採用している。

　この路線には2つの大きな計画がある。一つは学研奈良登美ヶ丘から高の原などへの延伸で、近鉄京都線とのアクセスが図られる。もう一つは第三軌条と架線、2種類の集電装置を持つ特急形車両の開発で、将来は奈良線との直通運転が考えられている。

■けいはんな線　長田〜学研奈良登美ヶ丘間

| C23 長田 | C24 荒本 | C25 吉田 | C26 新石切 | C27 生駒 | C28 白庭台 | C29 学研北生駒 | C30 学研奈良登美ヶ丘 |
|---|---|---|---|---|---|---|---|
| 1.2km | 1.8km | 1.5km | 5.7km | 5.1km | 0.8km | 2.7km | |

# KINTETSU 14

## 並行するJR奈良線と競合関係
## 京都線

京都線は京都と奈良の二都を結び、京奈特急は東海道新幹線と連絡して東京〜奈良間の最速ルートを担っている。近年はJR奈良線の追い上げも見られるが、京都線は奈良のほか橿原・伊勢方面とも結ばれ、沿線の諸都市から京都・大阪へ向けての通勤輸送の役割も大きい。

### 京都・奈良の観光客と、京都・大阪の通勤客を輸送

京都線は、京都と大和西大寺を結ぶ34.6kmの路線である。大和西大寺で奈良線・橿原線に接続し、京都と奈良を結ぶが、中間部から大阪への利用者も多い。京都市北部へは京都市営地下鉄烏丸線、奈良市東部へは自社の奈良線、大阪方面へは同じく奈良線と、近鉄丹波橋で京阪電気鉄道本線が連絡している。

単純トラス橋としては日本最大支間長164.6mを誇る澱川橋梁。京都線桃山御陵前〜向島間に横たわる宇治川に架かり、2000年に国の登録有形文化財に登録された。

京都線の東側にはJR西日本奈良線が離れて並び、近鉄とは都市間輸送で競合している。また、新田辺〜新祝園間にはJR西日本片町線（学研都市線）が近接し、こちらには競合と協調の両方の関係が見られる。

路線の中間部は、淀川の2つの支流、宇治川（澱川）と木津川に挟まれている。澱川橋梁は巨大なトラス1基（径間164.6m）だけで架設され、優れた技術の証として、国の登録有形文化財に登録されている。かつてはこの南に巨椋池があった

■京都線　京都〜大和西大寺間

| B01 | B02 | B03 | B04 | B05 | B06 | B07 | B08 | B09 | B10 | B11 | B12 | B13 |
|---|---|---|---|---|---|---|---|---|---|---|---|---|
| 京都 | 東寺 | 十条 | 上鳥羽口 | 竹田 | 伏見 | 近鉄丹波橋 | 桃山御陵前 | 向島 | 小倉 | 伊勢田 | 大久保 | 久津川 |
| 0.9km | 0.6km | 1.0km | 1.1km | 1.3km | 1.1km | 1.3km | 0.5km | 2.1km | 2.8km | 1.3km | 1.0km | 1.3km |

近畿日本鉄道の路線がわかる

が、昭和の初めに干拓され、一面の田園へと変貌した。このエリアの線路の東側には、1970年代から向島ニュータウンが造成されている。

西大寺に近いエリアでは、奈良線と乗り継ぐ利用者が目立つ。高の原は平城・相楽ニュータウンの最寄り駅で、入居が進むごとに利用者が増えている。

## 奈良電が開業して1960年代まで経営

京都と奈良は明治期から国有鉄道の奈良線で結ばれていたが、昭和初期の1928年、奈良電気鉄道による並行路線が開業した。これが今の京都線である。電車の強みを生かす一方、京都～伏見間は国有鉄道奈良線旧ルートの払い下げを受け、西大寺～奈良間は大軌の路線に乗り入れるなど、奈良電は、開業前からコストの切り詰めを強いられていた。

奈良電をめぐっては近鉄と京阪電鉄が支配下に置こうと熾烈な争いを繰り広げ、奈良電は1963年に近鉄に合併されて京都線となった。1968年には大型車が入線、翌69年には架線電圧が奈良線・橿原線・田原本線などとともに600Vから1,500Vへ昇圧が行われ、幹線としてのインフラが整えられた。有料特急の運転は1964年に京都～橿原神宮前間で始まり、のちに近鉄奈良間にも行われた。1966年には電圧が異なっていた宇治山田へも直通した。

1988年には京都市営地下鉄烏丸線との相互乗り入れがスタート、京都の都心部への通勤が便利になった。だが、JR西日本の発足後は同社の奈良線・片町線の輸送改善がめざましく、近鉄とJRの間には新たな競合も生じている。

東寺の五重塔をバックに、東海道新幹線をくぐって橿原神宮前駅へ走る急行列車。

43

# KINTETSU 15

## 沿線に名所が多いかつての本線
## 橿原線

橿原線は神武天皇が祀られている橿原神宮へ大阪から向かう大軌の本線として開通したが、布施～八木間に新線ができると、この線を補完する路線となった。接続各線との通し利用が多いため、大和八木・橿原神宮前などの接続駅では、乗り換えや直通運転ための改良が重ねられてきた。

### 奈良盆地を縦断、重要な歴史遺産を数珠つなぎに

　橿原線は、大和西大寺と橿原神宮前を結ぶ23.8kmの路線である。奈良盆地を縦断する幹線であるほか、他の幹線と連繫して、京都と吉野・伊勢志摩を結ぶ。さまざまな輸送需要を中継するのがこの路線の役割である。

　線形はシンプルで、平らな田園を直進するのみ。一見して平凡なロケーションだが、沿線には歴史上の名所が多い。西ノ京付近には唐招提寺・薬師寺があり、八木西口付近には今井町の環濠集落、橿原神宮前付近には畝傍山がある。いずれも最寄り駅から徒歩圏内という近さである。

　大和西大寺では京都・大阪方面と直通する線形だが、現在の橿原線は大阪難波～天理間の臨時列車を除いて京都線と直通している。大和八木では大阪線と十字に交差し、大阪方面へは八木西口から、伊勢方面へは新ノ口から直通で

郡山城址公園の花に見送られながら進む橿原神宮前発京都行き急行。

■橿原線　大和西大寺～橿原神宮前間

| B26 大和西大寺 やまとさいだいじ | 1.6 km | B27 尼ケ辻 あまがつじ | 1.2 km | B28 西ノ京 にしのきょう | 1.2 km | B29 九条 くじょう | 1.5 km | B30 近鉄郡山 きんてつこおりやま | 2.9 km | B31 筒井 つつい | 1.5 km | B32 平端 ひらはた | 1.0 km | B33 ファミリー公園前 ふぁみりーこうえんまえ | 1.5 km |

近畿日本鉄道の路線がわかる

きる。営業列車が走るのは新ノ口連絡線だけで、京都〜伊勢志摩ルートの特急専用である。橿原神宮前では南大阪線・吉野線と連絡するが、橿原線の軌間は標準軌1435mm、南大阪線系は狭軌1067mmなので、列車が直通することはできない。

## もとは奈良線の延長部、後輩の大阪線に主導権を譲る

　橿原線は近鉄の前身・大軌が奈良線の次に設けた路線で、1921年に西大寺（現・大和西大寺）〜郡山（現・近鉄郡山）間で畝傍線として開業、南へ延びて1923年3月に全通した。列車は上本町〜西大寺〜橿原神宮前間を直通するようになったが、1927年に八木線（上本町〜八木間、現・大阪線）ができると、多くの利用者はこちらへ移り、西大寺経由のルートは衰えた。以後、橿原線は大阪線と奈良線を補完する路線として定着している。

　開業当時の大阪線とは現・八木西口で接続していた。初めはこの駅を八木と称したが、1929年に新駅（現・大和八木）が開業し、八木の駅名はこちらに移った。八木西口は大和八木と同一駅扱いで、営業キロは未設定である。また、1939年には橿原地区の線路が移設され、現在の橿原神宮前駅が開業した。南大阪線を含む3路線が1駅にまとまったのは、この時が初めてである。

　戦中戦後の私鉄再編を経て、大軌畝傍線は近鉄橿原線となった。戦後は奈良線とともにインフラ改良が行われ、1969年に架線電圧が600Vから1,500Vに昇圧、1973年には大型車が入線できるようになった。京伊特急が使用する新ノ口連絡線は、1967年に開通している。

橿原線の急行・普通列車は、奈良線と同じ西大寺検車区・東花園検車区配置の車両を運用する。

# KINTETSU 16

## 小私鉄が開業し、近鉄に引き継がれた天理線・田原本線

天理線と田原本線はローカル私鉄が開業し、国有鉄道関西本線と連携して運営されていた。橿原線建設時から大軌〜近鉄の路線となったが、ロケーションの違いが施策に反映され、両線は別々の道をたどっている。

近鉄の天理駅は高架ホームのJR駅に対して西方から直角に乗り入れ、ホームは地平。駅舎は統合されている。

頭端式4面3線ホームの天理駅。線路の両側にホームがあり、乗車と降車の動線が分離されている。

### 非電化軽便線から電化複線に昇格した天理線

　天理線は、平端と天理を結ぶ4.5kmの路線である。もとは天理軽便鉄道の路線で、1915年に開業、1921年に大軌に買収された。この軽便線(新法隆寺〜天理間)は762mm軌間で非電化だったが、国有鉄道関西本線と連絡して大阪に通じていた。一方、大軌は1921年に畝傍線(現・近鉄橿原線)を開業、西大寺から南下を始めたが、進路上で交錯するこの路線を、自社の路線網に加えることにしたのである。

　平端〜天理間は合併に際して大軌と同じ1435mm軌間の電化線となり、畝傍線が平端まで延びた1922年、上本町〜天理間に奈良線経由で直通電車が走り始めた。一方、新法隆寺〜平端間は非電化ナローゲージで残され、「法隆寺線」と改称、ガソリンカーが導入されたが、こちらは戦時中の1945年2月に休止され、そのまま1952年に廃止されている。

　その後、京都〜天理間に急行が設定され、線内折り返しの普通列車との2本立てになっている。また、天理教信者の団体輸送に備えて、天理駅のホームには広いスペースが確保されている。

近畿日本鉄道の路線がわかる

## 近鉄路線網から孤立して見える田原本線

　田原本線は、新王寺と西田原本を結ぶ10.1kmの路線である。1918年に大和鉄道が開業、1928年までに新王寺〜田原本（現・西田原本）〜桜井間が開業した。戦後の1961年に信貴生駒電鉄の路線となり、1964年に近鉄の路線となった。

　大和鉄道は関西本線と接続して大阪〜田原本間の輸送を担っていた。西大寺から南下した大軌畝傍線は大和鉄道の桜井延伸線と交差したが、天理線の時とは違って、大軌は大和鉄道を子会社とするに留めた。なお、田原本〜桜井間は利用者が少なく1944年に休止、1958年に廃止された。

　大和鉄道の路線は1067mm軌間・非電化だったが、田原本から西は1948年に標準軌化・電化され、近鉄の標準軌の電車が走るようになった。起点は近鉄橿原線田原本と同名の「田原本」だったが、1964年の合併に伴い、「西田原本」に改称されている。なお、橿原線石見〜田原本間には田原本線との連絡線が設けられ、車両はこれを経由して出入りする。

　終点の新王寺はJRの王寺駅前で、利用者の多くは関西本線に乗り換えて大阪へ向かう。この流れは大和鉄道の時代からあまり変わっていない。また、新王寺と生駒線の王寺はJRの駅前を挟む位置にあるため、駅の統合は行われず、改札外での連絡となっている。

大和鉄道の手で開業した田原本線は、2018年に開業100周年を記念して8400系8414編成を、かつて同線で活躍した820系のマルーンレッド色（写真）に、8409編成を600系のダークグリーン色に復刻した。昭和レトロが感じられる外観も約4年で終了し、両編成とも一般塗装に戻っている。

■天理線　平端〜天理間

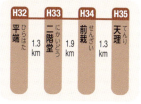

■田原本線　新王寺〜西田原本間

47

# KINTETSU 17

## 伊勢湾沿いの諸都市と名古屋を結ぶ 名古屋線

名古屋線は三重県の鉄道の基幹路線である。国有鉄道の名古屋～伊勢ルートに遅れて開業、名古屋への乗り入れも遅かったが、全通後は電車の機動力で非電化の国鉄を圧倒した。大阪線・山田線と結ぶネットワークは強力で、JR東海による巻き返し後も優位を保っている。

### 大都市・名古屋と、三重県の主要都市を結ぶ

　名古屋線は、伊勢中川と近鉄名古屋を結ぶ78.8kmの路線である。起点は伊勢中川だが、大都市・名古屋を中心とするダイヤで運行されている。また、中川では大阪線・山田線と接続し、名古屋～大阪、名古屋～伊勢志摩という看板ルートの一翼を担う。特急列車の種類も多彩で、「ひのとり」「しまかぜ」から通勤・ビジネス向けの列車まで、さまざまな特急が走っている。

　線路は濃尾平野と伊勢平野にまたがり、大阪線などと違って急勾配が少ない。その反面、愛知・三重の県境には木曽川・長良川・揖斐川が流れ、これら(木曽三川)を横断する長い橋梁が架けられている。

　沿線は三重の経済をリードする地域で、桑名、四日市、鈴鹿、津などの都市が並ぶ。これらは名古屋のベッドタウンでもあり、朝夕の電車は通勤客で混雑する。

■名古屋線　伊勢中川～近鉄名古屋間

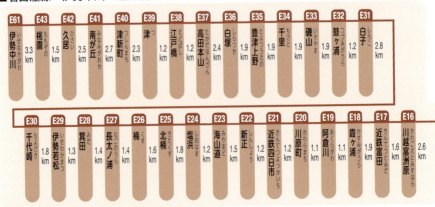

# 近畿日本鉄道の路線がわかる

## 伊勢電・参急・関急電が建設し、戦後に改軌

　名古屋線は大正初期の1915年、当時の伊勢鉄道によって白子～一身田町(現・高田本山)間で開業した。同社は1922年までに国有鉄道の四日市と津を結び、1926年に伊勢電気鉄道と改称する。その後、電化と延伸が行われ、1930年の12月、桑名～大神宮前間の本線が全通した。大神宮前は伊勢神宮外宮の最寄り駅である。伊勢電の最終目標は名古屋～大神宮前間の連絡だったが、強気の経営がたたって財政が悪化し、1932年に参宮急行電鉄の傘下に入った。

　参急は当時、津支線(参急中川～津間)を有していたが、1936年に伊勢電を合併すると、1938年6月に津と旧伊勢電の江戸橋を結んだ。その直後、参急の子会社・関西急行電鉄が桑名～関急名古屋(現・近鉄名古屋)間を開業、中川～名古屋間の全線が開通した。江戸橋の中川方は標準軌、名古屋方は狭軌1067mmだったが、同年12月に狭軌で統一され、中川が新たな乗換駅となった。一方、名古屋～大神宮前間は狭軌連絡が実現したが、江戸橋以南は支線に降格、名古屋・桑名と大神宮前の直通は中止され、1961年に廃止された。

　大軌・参急・関急電は1941年に合併して関西急行鉄道となり、この年、伊勢中川を接点とする大阪線・山田線・名古屋線の区分ができた。名古屋線は近鉄発足後の1959年に標準軌化され、名古屋と大阪・伊勢との直通運転が実現。1961年には中川短絡線が開通し、名阪ルートのスイッチバックが解消されている。

木曽三川を渡る21000系「アーバンライナー」。この川を境に南側は三重県になる。

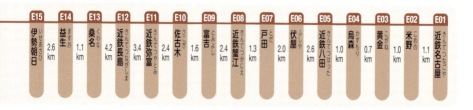

# KINTETSU 18

## 名古屋線の支線区は残り2線となった 湯の山線・鈴鹿線

湯の山線と鈴鹿線は、名古屋線から山側へ延びる支線だ。かつては養老線・北勢線・内部線・八王子線という支線があったが、これらは別会社に移管された。湯の山線は名古屋線との直通運転は終了しているが、鈴鹿線は平日朝に近鉄四日市発平田町行き急行1本が設定されている。

### ナローから標準軌に改築、特急も走った湯の山線

湯の山線は、近鉄四日市と湯の山温泉を結ぶ15.4kmの路線である。この路線は大正初めの1913年に四日市鉄道の諏訪〜湯ノ山(現・湯の山温泉)間で開業、1927年から三重鉄道(開業時は三重軌道)、1944年から三重交通、1964年から三重電気鉄道が保有したのち、1965年から近鉄の路線となっている。

湯の山温泉駅に近づくにつれて、御在所岳に連なる山々が車窓を彩る。背後の高架橋は新名神高速道路。

四日市鉄道は三重軌道(のち近鉄内部線・八王子線、現・四日市あすなろう鉄道)と並ぶ四日市初の近郊鉄道で、三重軌道と同じ762mm軌間の路線だった。ナローゲージの2路線は、1916年から諏訪と国有鉄道関西本線四日市の間に線路を並べ、四日市を起点として営業していた。だが、この区間は1927年に廃止され、伊勢電気鉄道が本線のルートに転用。軽便2路線の起点は諏訪に戻され、そこが伊勢電との連絡駅(現・近鉄

■湯の山線　近鉄四日市〜湯の山温泉間

| K21 近鉄四日市 | K22 中川原 | K23 伊勢松本 | K24 伊勢川島 | K25 高角 | K26 桜 | K27 菰野 | K28 中菰野 | K29 大羽根園 | K30 湯の山温泉 |
|---|---|---|---|---|---|---|---|---|---|
| | 1.7km | 1.1km | 2.5km | 1.4km | 2.0km | 2.6km | 1.3km | 0.9km | 1.9km |

近畿日本鉄道の路線がわかる

四日市）となった。伊勢電の本線は近鉄名古屋線に引き継がれたが、近鉄は1956年に四日市市内のルートを変更したため、開業時のルートは消滅している。

　湯の山線は近鉄との合併時に1435mmの標準軌に改軌され、輸送力の強化が行われた。その年から1998年までは名古屋・大阪などから特急が直通していたが、2004年に線内運行の特急も廃止され、普通のみとなった。

## 鈴鹿市の中心部を走る鈴鹿線

　鈴鹿線は、名古屋線の伊勢若松と平田町を結ぶ8.2kmの路線である。この路線は1925年に伊勢若松～伊勢神戸（現・鈴鹿市）間で開業、戦後の1963年に平田町まで全通した。伊勢電の前身・伊勢鉄道の神戸線が開業時の名称で、昭和10年代の私鉄再編を経て、1944年に近鉄の路線となった。

　伊勢神戸は、江戸時代の城下町を起源とする町である。東海道から分かれる伊勢街道は、日永の追分から神戸と白子を通って津に入っていた。これに対し、近鉄名古屋線の前身である伊勢鉄道は海沿いのルートを採ったため、山側に離れた神戸を支線によって結んだのである。

　戦後の路線延伸は内陸部の工業化に伴うもので、旧神戸地区は今でも人口が多く、鈴鹿線も通勤通学の利用者でにぎわう。なお、1973年には国鉄伊勢線（河原田～津間、現・伊勢鉄道）が開業し、神戸地区には鈴鹿駅が設けられた。これにより、鈴鹿市の中心部は四日市・津との直結が実現している。

神戸藩の城下町へのアクセスとして伊勢鉄道（のち伊勢電気鉄道）が開業した鈴鹿線。列車は線内折り返しのみだ。

鈴鹿市は江戸時代にロシアへ渡航した大黒屋光太夫の出身地。生家が近い伊勢若松駅前には銅像が立っている。

■鈴鹿線　伊勢若松～平田町間

| L29 | L30 | L31 | L32 | L33 |
|---|---|---|---|---|
| 伊勢若松 | 柳 | 鈴鹿市 | 三日市 | 平田町 |
| いせわかまつ | やなぎ | すずかし | みっかいち | ひらたちょう |
| 2.2km | 1.9km | 2.1km | 2.0km |  |

51

# KINTETSU 19

## 大阪・名古屋と伊勢神宮を結ぶ幹線 山田線

参詣路線として開業した山田線は、かつては大阪・名古屋方面からの参宮輸送の役割が大きく、終点が目的地という利用者が多かった。だが、鳥羽線の開通以降は終点・宇治山田のはるか先まで列車が運行され、通り抜けの輸送需要が大きくなっている。

### 伊勢神宮へのアクセス路線

山田線は、伊勢中川と宇治山田を結ぶ28.3kmの路線である。伊勢神宮アクセスの中心駅・宇治山田を終点とする路線で、名古屋・大阪からの直通客が多い。起点の中川は小さな町で、ほとんど乗り換え客のための駅である。

路線の中ほどには、南勢の主要都市でJR紀勢本線・名松線との連絡駅、松阪がある。

伊勢市駅はJR参宮線との連絡駅。JR駅が外宮の正面、近鉄駅はその裏手にあり、旧伊勢車両区の敷地を見ながら近鉄特急が走る。

ビジネス・通勤の利用者にとっては、この松阪が山田線の中心となる。終点・宇治山田がJR参宮線との連絡駅・伊勢市の先にあるのは、当時の需要予測に基づく大ターミナルが必要だったからである。

線路は開業時から複線電化で、平坦地を直線で貫く高規格のインフラである。近鉄の前身・大軌は桜井線の建設時から1,500Vの架線電圧を採用、八木〜桜井

■山田線　伊勢中川〜宇治山田間

| M61 | M62 | M63 | M64 | M65 | M66 | M67 | M68 | M69 | M70 |
|---|---|---|---|---|---|---|---|---|---|
| 伊勢中川 | 伊勢中原 | 松ヶ崎 | 松阪 | 東松阪 | 櫛田 | 漕代 | 斎宮 | 明星 | 明野 |
| 3.0km | 2.7km | 2.7km | 1.6km | 3.9km | 1.9km | 1.3km | 2.7km | 2.6km | 1.8km |

近畿日本鉄道の路線がわかる

間に導入するとともに、既設の布施〜八木間を600Vから昇圧した。このあと開業した参急の各線（現・山田線を含む）は、初めから1,500Vで建設されている。

## 伊勢電との競合を経て名古屋線と連絡

　山田線は、参急の本線（桜井〜宇治山田間）の東端部として建設された。1930年3月に松阪〜外宮前（現・宮町）間で開業し、まもなく参急中川（現・伊勢中川）と山田（現・伊勢市）の両方向に延伸。12月には大阪線青山峠の区間ができて、大阪上本町〜山田間が開通した。宇治山田までの延伸は翌年に行われ、計画ルートの全線が開通している。

　一方、1930年は伊勢電気鉄道が南下した年でもあった。桑名〜津新地（1961年廃止）間が本線だった狭軌路線の伊勢電は、この年だけで津新地〜新松阪〜大神宮前間を開業させ、北勢地区からの参宮ルートをつくりあげた。対する参急は北上を考えていたので、支線の参急中川〜久居間を同じ年に開業していた。

　このあと参急は伊勢電を合併、伊勢電の桑名〜江戸橋間を取り込み、1938年に中川〜名古屋間を全通させた。この路線はまもなく狭軌に統一され、中川で上本町・宇治山田方面と連絡するようになった。その後、大軌・参急系の各線は路線名と区間が整理され、1941年の関西急行鉄道発足時に大阪線・山田線・名古屋線の区分が設けられたのである。

伊勢神宮に仕えた斎宮が居住した斎宮跡は、山田線のすぐそばに立地し、復元された建物が車窓からよく見える。

宮川の後背地に広がる畑の中を宇治山田方面へ進む50000系「しまかぜ」。山田線は伊勢平野の平坦地に延びている。

53

# KINTETSU 20

## 伊勢志摩国立公園に延びる観光・生活路線
## 鳥羽線・志摩線

鳥羽線と志摩線は、志摩半島を縦貫する路線である。かつての観光客は伊勢市を拠点に周遊したが、鳥羽線の開業後は鳥羽・賢島まで特急が直通、観光のスタイルも参詣・巡拝からマリンレジャーまで多彩になっている。

### 伊勢から志摩へアクセスする鳥羽線

鳥羽線は、宇治山田と鳥羽を結ぶ13.2kmの路線である。かつて孤立していた志摩線への架け橋として、1969年に五十鈴川（いすずがわ）まで先行開業、翌70年の3月、すなわち大阪万博の開幕直前に鳥羽までの全線が開通した。鳥羽で連絡する志摩線は狭軌から標準軌に改軌され、以後、名古屋・大阪・京都から鳥羽線・志摩線への直通運転が行われている。

伊勢～鳥羽間の内陸に延びる鳥羽線は、鳥羽近郊のJR参宮線と並行する区間に差しかかると、車窓から海が見える。

鳥羽線の中間駅・五十鈴川は伊勢神宮内宮（ないくう）の北約2kmの位置にあり、バスへの乗り換えを要するものの、宇治山田に代わる最寄り駅となった。また、鳥羽地区では志摩線と接続するため大規模な埋め立てが行われ、近鉄の新駅舎を中心に交通と観光のターミナルとしての整備が行われた。

鳥羽線は山岳地帯を貫いているが、戦後生まれの新線であり、カーブの少ないルートが選ばれた。ただし、ある程度の急勾配は許容され、工費のかさむ長大トンネルは建設されていない。また、複線用地を確保して単線で開業したが、利用者の伸びが目覚ましく、早くも1975年には全線の複線化が完了した。

■鳥羽線　宇治山田～鳥羽間

| M74 | M75 | M76 | M77 | M78 |
|---|---|---|---|---|
| 宇治山田（うじやまだ） | 五十鈴川（いすずがわ） | 朝熊（あさま） | 池の浦（いけのうら） | 鳥羽（とば） |
| | 1.9km | 3.0km | 5.7km | 2.6km |

近畿日本鉄道の路線がわかる

## 観光の足として発展する志摩線

　志摩線は、鳥羽と賢島を結ぶ24.5kmの路線である。この路線は1929年に志摩電気鉄道によって開業、所属先は1944年に三重交通、1964年に三重電気鉄道と変わり、1965年に近鉄の路線となった。山間をたどるローカル線で、カーブの多い単線というのが、志摩電鉄・三交時代の姿であった。また、特産物である真珠の積み出しなどのため、軌間は国鉄線と同じ1067mmだった。

　近鉄はこの路線を獲得してまもなく、架線電圧を750Vから1,500Vへ昇圧、および1435mmへの改軌を行い、1970年に新線・鳥羽線との接続を行った。運転速度は低いままだったが、志摩線は一夜にして特急街道となり、大阪・名古屋などと直通列車で結ばれた。

　平成初期には沿線の開発が進み、1994年には志摩スペイン村がオープンした。志摩線はこれに合わせて輸送力を増強、ほとんどの区間が複線化された。今でも単線で残る区間は、中之郷～船津間と上之郷～志摩磯部間だけである。また、白木～五知間は青峰トンネルを含む新線に移され、この区間は130km/h運転が可能となった。平成の改良工事は1993年に終了し、のどかだった昔のイメージは一掃されている。

鳥羽線と志摩線の境界の鳥羽駅は、JR参宮線の終着駅。
1067mm軌間時代の志摩線は、参宮線と接続していた。

志摩磯部駅は志摩スペイン村の玄関駅として南欧風の駅舎に建て替えられたが、玄関駅の役目は鵜方駅に移った。

■志摩線　鳥羽～賢島間

55

# KINTETSU 21

## 大阪線系とは別の車両グループを有する南大阪線

1067mm軌間の南大阪線は、奈良県側で大阪線の南側をほぼ並行する。このため距離が離れている大阪府内での利用者は多いが、全体的にはジグザグのルートをとり、所要時間では大阪線に勝てない。なぜ、そのようなルートになったのか…と興味をひかれる路線である。

### 通勤路線とローカル線の2つの顔を持つ

　南大阪線は、大阪阿部野橋(あべのばし)と橿原(かしはら)神宮前(じんぐうまえ)を結ぶ39.7kmの路線である。大阪府と奈良県にまたがる路線で、大阪近郊には並行路線がないのに対し、東方では大阪線のすぐ南を走る。そのため、南大阪線は西半分(大阪阿部野橋～古市(ふるいち)間)の利用者が多く、東の区間はローカル色が強い。この区間は、利便性で優る大阪線に対して補完的な役目を負っていると言え

6020系が矢田～河内天美間の大和川を渡る。このあたりは河口まで約9kmと、海が近い。

る。その代わり、穴虫峠(あなむしとうげ)・二上山(にじょうさん)と続く車窓は緑に包まれ、大阪線よりも見晴らしがよい。

　南大阪線は、支線4線とともに狭軌1067mmで敷設されている。大阪線を主とする標準軌(1435mm軌間)路線網とは1カ所しか接点がないので、南大阪線系は改軌されることもなく、独立した車両グループで運用されている。

　大阪阿部野橋はJR西日本・Osaka Metro(大阪メトロ)の天王寺(てんのうじ)に相当する駅

■南大阪線　大阪阿部野橋～橿原神宮前間

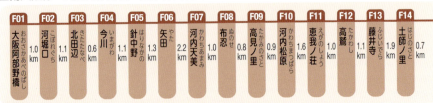

56

近畿日本鉄道の路線がわかる

である。大阪線には鶴橋・上本町・難波と複数の拠点駅があるが、南大阪線には阿部野橋しかなく、ラッシュ時には混雑が集中する。

特急列車は吉野線に直通し、阿部野橋と吉野を結ぶ。急行も吉野線に直通し、南大阪線内は速達運転、吉野線内は各駅停車で運転されている。

## 大鉄が建設して大軌に対抗、関急への合併を経て近鉄に

南大阪線は、河南鉄道（柏原～河内長野間）が東西に支線を延ばし、これを新たな本線とした路線である。1898年に道明寺～古市間で開業し、大阪天王寺（現・大阪阿部野橋）～道明寺間は1923年に全通、古市～久米寺（現・橿原神宮前）間は1929年に開通した。また、河南鉄道は1919年に大阪鉄道（大鉄）と改称し、戦時中までこの社名で存続している。

久米寺で接続した吉野鉄道（現・近鉄吉野線）は畝傍～吉野間に1067mm軌間の路線を持ち、橿原神宮前で大軌の畝傍線と連絡していた。大軌と吉野鉄道はこれにより大阪～吉野間の連絡輸送を行っていたが、大鉄は同じ狭軌の吉野鉄道と結び、直通運転を始めてしまった。そのため3社間に摩擦が生じ、大軌は1929年に吉野鉄道を合併、続いて大鉄の経営にも介入した。大鉄は大軌の子会社になっ

二上山をバックに吉野へ向かう南大阪線急行。南大阪線系は1067mm軌間を採用し、大阪線系とは直通できない。

たのち、1943年に大軌の後身・関西急行鉄道に合流。このときに南大阪線の路線名ができた。

南大阪線は、河内エリアでの通勤輸送を中心に近代化が進められた。1957年投入の6800系「ラビットカー」は近鉄初の4扉通勤車で、ほかの各線の通勤車の原型となった。

57

# KINTETSU 22

## 南河内地方を南北に縦断 長野線

長野線は、南大阪線をつくった大阪鉄道（古市～富田林間開業時は河陽鉄道）が最初に経営した路線である。大鉄は郊外のこの路線で経営力を身に付け、大阪都心部への乗り入れを果たした。

▲長野線の中核駅である富田林駅。河陽鉄道はまず柏原駅から当駅まで開業し、河南鉄道時代に河内長野へ延伸した。

◀古市～富田林間は複線で、富田林以南は単線となる。富田林駅で行き違いをする列車も多い。

### 南河内を縦断する古い歴史がある路線

　長野線は、南大阪線の古市と河内長野を結ぶ12.5kmの路線である。この路線は富田林・河内長野に集積する貨物を現在のJR関西本線の柏原へ運ぶためにつくられた。柏原～河内長野間はもとは1本の路線で、周辺の近鉄各線よりも歴史が古い。

　線路は大阪府の東縁・金剛山地の麓を南下する。大和川の支流・石川の谷をさかのぼり、富田林までは平野を直進、丘に上って河内長野に至る。富田林までは南大阪線と同じく複線で敷設され、古市の配線からもこちらが本線のように見える。単線区間では谷が狭まり、山林の風景がメインになる。

　長野線の沿線は、奈良県内の各線と同様、歴史上の名所が多い。世界文化遺産「百舌鳥・古市古墳群」の古市古墳群、江戸時代の風景が残る富田林寺内町などがそれである。近接する千早赤阪村には金剛山があり、太平記の英雄・楠木正成の史跡が点在する。

近畿日本鉄道の路線がわかる

## 大正半ばまで堅実に経営、南大阪線の礎となる

　長野線の最古の区間は古市～富田林間で、明治半ばの1898年4月、蒸機運転で開業した。創業会社は河陽鉄道で、この区間は、3月に開業した柏原～古市間の延伸部であった。翌年から河南鉄道の路線となり、1902年に河内長野へ到達、高野鉄道（現・南海電気鉄道高野線）と接続した。

　全通から約20年間、河南鉄道はこの路線だけを営業する。だが、大正半ばから拡大政策に転じ、1919年に大阪鉄道と改称した。そして、関西本線への依存をやめるため、道明寺から大阪天王寺（現・大阪阿部野橋）へ新線を建設し、1923年に全通を果たした。この路線は日本で初めて1,500V電化を採用、既存の柏原～河内長野間も電化路線となった。1929年には古市から橿原方面への新線も開通、古市はこの時から分岐駅となった。

　大鉄は1943年に関西急行鉄道と合併し、古市～河内長野間は関急の長野線となった。関急はまもなく近鉄となり、今に至っている。長野線は南大阪線の支線になったが、多くの列車は大阪阿部野橋と河内長野を直通で運転されている。

　近鉄長野線が南大阪線の母体となったように、関東では同じころ、西武鉄道の国分寺線など（国分寺～現・本川越間）から新宿線が誕生した。この例では、川越の街が富田林に相当し、路線の創設と追設に関わっている。

南海電鉄高野線と接続する河内長野駅を西口から見る。近鉄のホームは高野線の東側にある。

■長野線　古市～河内長野間

| O16 古市 ふるいち | 3.4km | O17 喜志 きし | 2.3km | O18 富田林 とんだばやし | 0.6km | O19 富田林西口 とんだばやしにしぐち | 1.0km | O20 川西 かわにし | 1.4km | O21 滝谷不動 たきだにふどう | 1.8km | O22 汐ノ宮 しおのみや | 2.0km | O23 河内長野 かわちながの |

59

# KINTETSU 23

## 南大阪線の支線はローカル線に 道明寺線・御所線

道明寺線は長野線と兄弟関係にある。もとは1本の路線だったが、"弟"である長野線は発展、"兄"はローカル線の道を歩んだ。御所線は葛城山の麓を走る。東に並ぶJR和歌山線は大阪からの所要時間が長く、御所線はその不便を補うためにつくられた。

### 近鉄の路線で最も早く開業、大和川を渡る道明寺線

　道明寺線は、南大阪線の道明寺と柏原を結ぶ2.2kmの路線である。1898年に河陽鉄道の一部として開業、その後、河南鉄道(柏原〜河内長野間)の北端部として運営された。1923年に河南鉄道の後身・大阪鉄道が道明寺と大阪天王寺(現・大阪阿部野橋)を結んだことで支線に降格。同年に電化されたものの、道明寺以北の折り返し運転となった。大鉄は1943年に関急に合併され、その時に道明寺線という路線名ができている。

　道明寺線は南大阪線の道明寺〜古市間とともに、近鉄の全路線の中で最も古い。また、河陽鉄道の貨車をJR関西本線(1898年当時は初代・大阪鉄道)に直通させるため、軌間は関西本線と同じ1067mmとされた。南大阪線系の各線が標準軌でなく狭軌であるのは、この軌間がもとになったからである。

　道明寺〜柏原南口間には、大和川の長い橋梁がある。隣の橋は離れているので、路線の役割は意外に大きい。終点・柏原駅はJR柏原駅に間借りしているかのような、小ぶりな切り欠き式の1面1線のホームを有する。また、近鉄大阪線の堅下駅は北東へ約500mと近く、道明寺線は南大阪線と大阪線を連絡する上でも便利な路線となっている。

近鉄の路線の中で最も歴史が長い道明寺線。1898年に架橋された大和川橋梁が現役で使用されている。2018年に土木学会選奨土木遺産に選ばれた。

## 葛城山の東を走る、紀ノ川をめざした御所線

御所線は、尺土と近鉄御所を結ぶ5.2kmの路線である。南大阪線と連携して大阪と御所を結ぶほか、葛城山へのアクセスを担う。金剛山と並ぶこの名峰へは、近鉄御所駅からバスとロープウェイで登ることができる。

近鉄御所の100mほど東にはJR和歌山線の御所があり、JRの線路は高田・吉野口・五条・橋本へ延びる。御所線は同じ方面への新線として計画され、明治期にできた和歌山線に対し、昭和初期の1930年に開業した。創業会社は大鉄の子会社にあたる南和電気鉄道で、橋本の南に位置する学文路までの敷設免許を得ていたものの、全く延伸されることなく1958年に五条〜学文路間が、1991年に残る区間の免許が失効している。

南和電鉄は戦時中の1944年に関西急行鉄道に合併され、この年のうちに近畿日本鉄道の御所線となった。終点の駅名は南和御所町から関急御所、近畿日本御所となり、1970年から現行の近鉄御所となっている。

御所線列車は基本、線内折り返し運転だが、平日朝ラッシュ時には近鉄御所発大阪阿部野橋行き準急が6本設定されている。

観光案内所が併設されている御所駅。葛城山ロープウェイは当駅からバスでアクセスする。

■道明寺線　道明寺〜柏原間

| N15 道明寺 | | N16 柏原南口 | | N17 柏原 |
|---|---|---|---|---|
| | 1.6 km | | 0.6 km | |

■御所線　尺土〜近鉄御所間

| P23 尺土 | | P24 近鉄新庄 | | P25 忍海 | | P26 近鉄御所 |
|---|---|---|---|---|---|---|
| | 2.4 km | | 1.5 km | | 1.3 km | |

# KINTETSU 24

## 南大阪線から特急・急行が直通
## 吉野線

吉野線は日本史の舞台・吉野への路線である。鉄道は地域住民のためにつくられたが、開業後は観光輸送の需要が生まれ、大阪・京都からの観光路線に変貌した。春は桜の花見客でにぎわう。

### "C"の字を描く山岳路線、吉野の里と飛鳥を結ぶ

吉野線は、橿原神宮前と吉野を結ぶ25.2kmの路線である。紀ノ川の上流、吉野川の沿岸から沿線で産出する木材を積み出すためにつくられたが、他の私鉄路線と連絡し、吉野山への観光客を運ぶようになった。

深い山間を縫うように走り、北寄りの区間は大和川水系、南寄りの区間は紀ノ川水系に属する。両河川の

大和上市～吉野神宮間の吉野川橋梁を渡る4連の特急。終点の吉野駅まではもうひと息だ。

中間(吉野口～下市口間)は峠越えとなっており、福神～大阿太間の薬水トンネルが分水嶺にあたる。吉野線の歴史は、峠の南側の町を現在のJR和歌山線に結ぶことから始まった。この路線をさらに便利な北部へ延ばし、南側の区間を吉野山まで延ばした結果、大きな"C"の字を含むルートになった。

起点エリアの岡寺と飛鳥は、飛鳥路観光の最寄り駅である。終点・吉野は上り

■吉野線 橿原神宮前～吉野間

# 近畿日本鉄道の路線がわかる

勾配の途中にあり、山上地区へはロープウェイが連絡する。列車は南大阪線と直通し、橿原線との乗り換えの便もよい。特急は大阪阿部野橋と吉野を結び、「さくらライナー」「青の交響曲」などが看板列車となっている。

## 大軌と大鉄に翻弄された過去

　吉野線は吉野軽便鉄道が建設し、1912年に吉野口〜吉野（現・六田）間で開業した。会社は翌年に吉野鉄道と改称、北端は1923年に橿原神宮前まで、翌年には国有鉄道桜井線の畝傍まで延伸した。南端は1928年に吉野へ到達、畝傍〜吉野間が全通した。

　軌間は国有鉄道と同じ狭軌1067mmとされたが、橿原神宮前では大軌の畝傍線（標準軌）と連絡、大阪上本町〜吉野間の一貫輸送に応じた。ところが、1929年に大鉄の古市〜久米寺（現・橿原神宮前）間が1067mm軌間で開通すると、吉野鉄道は久米寺で大鉄と接続、大鉄〜吉野鉄道の相互乗り入れに応じてしまう。

　そこで大軌は同年中に吉野鉄道を合併、自社の吉野線としたのちに、大鉄についても子会社化を進めた。旧3社の路線は大軌のもとで配線が見直され、1939年には橿原神宮前・久米寺の2駅が統合、現在の橿原神宮前駅ができた。

　吉野鉄道が建設した橿原神宮前〜畝傍間は、1941年の路線名整理時以後は小房線として運営された。この路線は戦時中の1945年6月に旅客営業が休止され、戦後の1952年に廃止されている。

濃紺の車体カラーが自然豊かな吉野線の沿線風景溶け込む観光特急「青の交響曲（シンフォニー）」。上質な大人旅を演出する列車だ。

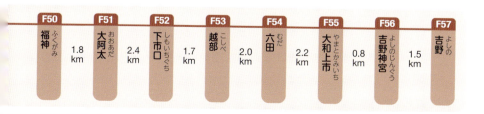

| F50 福神 | | F51 大阿太 | | F52 下市口 | | F53 越部 | | F54 六田 | | F55 大和上市 | | F56 吉野神宮 | | F57 吉野 |
|---|---|---|---|---|---|---|---|---|---|---|---|---|---|---|
| | 1.8km | | 2.4km | | 1.7km | | 2.0km | | 2.2km | | 0.8km | | 1.5km | |

63

# KINTETSU 25

## 大阪・名古屋・伊勢志摩を結ぶ近鉄の特急網

近鉄の路線網は延長501.1km。大阪・名古屋を結ぶ路線と京都・奈良・伊勢志摩など観光地への路線で構成されている。近鉄特急はこれらの都市・観光地を相互に結び、速くて快適な移動のネットワークを形成している。

### 多彩な運転系統を通称で呼び分け

　近鉄特急は全車座席指定で、その運転系統は多岐にわたっている。それぞれ業務用の系統名があるが、わかりやすいので一般向けに使われることも多い。これらはおおむね3つのグループに分けられる。

　第1のグループは長距離特急で、名阪特急（近鉄名古屋～大阪難波）と伊勢志摩特急である。伊勢志摩の系統は、名伊特急（近鉄名古屋～賢島）、阪伊特急（大阪難波～賢島）、京伊特急（京都～賢島）の3系統がある（区間運転もあり）。このグループでは速達型を「甲特急」、それ以外を「乙特急」と呼び、甲特急にはデザイン・設備とも最高級の車両が使われる。

　第2のグループは奈良・大和路の短距離特急で、京奈特急（京都～近鉄奈良）、京橿特急（京都～橿原神宮前）、阪奈特急（大阪難波～近鉄奈良）の3系統である。阪奈間は距離が短く、快速急行の本数が多いが、特急は座席数とリクラ

志摩線の単線区間をゆっくり進む30000系「ビスタEX」。志摩線の特急には「伊勢志摩ライナー」「アーバンライナー」の運用も多い。

21000系・21020系は名阪特急だけでなく、名伊・阪奈特急にも運用されている。

近畿日本鉄道の路線がわかる

イニングシートの快適さで好評を博している。

　第3のグループは南大阪・吉野線の吉野特急（大阪阿部野橋～吉野）である。狭軌線の特急であり、他の路線と直通しないので、地域に特化したサービスが提供されている。

## ハードとソフトが協調するネットワーク

　近鉄特急の最大の特徴は、きめ細かなネットワークである。伊勢中川・大和八木・橿原神宮前では2系統の乗り換えがスムーズで、名阪特急によらない名阪連絡（名伊＋阪伊）、京伊特急によらない京伊連絡（京橿＋阪伊）、京都と吉野の最速アクセス（京橿＋吉野特急）が可能になっている。また、乗継駅での接続時間が30分以内であれば、特急料金は乗り継ぎの前後を通算して計算される（一部例外あり）。列車の組み合わせ・座席指定はオンラインで瞬時に行われるので、特急券は乗車直前でも買い求めやすく、急な用事でも利用しやすい。このシステムは1970年代から稼働しており、沿線の利用者にはよく知られている。また、定期券保有者は別に特急券を購入すれば、特急列車を利用できる。

　近鉄の座席指定特急は、1947年に運転を開始した（伊勢中川乗り換えの名阪特急）。一方で土台となったのは阪伊特急だが、東京～伊勢志摩間の観光客の増加、名古屋と三重県の交流の深さなどから、現在は名伊特急の運転本数が多い。また、京伊特急は利用者が減少し、2012年から朝夕のみの運転となっている。日中の京伊特急は八木から東がカットされ、京橿特急に編入された。また、近年は「観光特急」という新しいカテゴリーが定着しつつある。

橿原神宮前で吉野特急と接続する京橿特急は、前面に「吉野連絡」の案内表を掲示する。

### 用語解説

**三重県**　［みえけん］

愛知・岐阜・京都・滋賀・奈良・和歌山の1府5県と接し、約5,774km²の面積（全国で22番目）と約176万人の人口（同22番目）を有する。県庁所在地は津市。北勢・伊賀・中勢・南勢・東紀州に区分される。豊かな自然に恵まれ、農漁業が盛ん。また北勢では重化学工業も発達している。

## KINTETSU COLUMN
# 近鉄の車両基地・工場

### 五位堂検修車庫は標準軌、狭軌両方の車両検修を担当

　近鉄の車両は、6つの検車区が管理する17カ所の車庫に配置されている。関西地区には高安検車区、東花園検車区、西大寺検車区、狭軌線用の古市検車区があり、東海地区には富吉検車区、明星検車区がある。検車区では、配置車両の定期検査が行われる。

　重要部検査と全般検査は、大阪線の五位堂検修車庫と、名古屋線の塩浜検修車庫で行われる。五位堂では自社線全車両の全検が行われ、これには名古屋線の車両も含まれる。塩浜での全検対象は、かつて自社線だった養老鉄道・伊賀鉄道・四日市あすなろう鉄道の車両である。また、五位堂検修車庫は標準軌線の沿線にあるので、狭軌線の所属車両は、2軌間が接する橿原神宮前で台車を交換して回送される。

　このほか、大阪線の高安駅には高安検修センターが併設されている。ここでは新車搬入時の検査、車両の改造、廃車車両の解体などが行われる。

名古屋線富吉駅に隣接する富吉検車区は、21000系・21020系の全編成が配置され、名古屋線の車窓からもよく見える。

特急車だけでなく、三重県内のローカル輸送を担当する2・3両編成の一般車も配置されている明星検車区。

大阪線青山町駅に隣接する高安検車区青山町車庫は、新車発表会などのイベントに使用されることが多い。

# CHAPTER 3 第3章

## 近畿日本鉄道の
# 駅がわかる

私鉄で最も駅数が多い近鉄では、大阪・京都・名古屋に大ターミナルを構える一方、末端区間や県境付近では駅員無配置の駅も多い。また、生駒ケーブル、葛城山ロープウェイを除く全駅でICカード乗車券が利用でき、チケットレス化が進んでいる。本章ではターミナル駅を中心に、乗り換えの要となる駅など、特徴のある駅を紹介する。

※1日あたりの乗降人員数は、2023年11月7日に近鉄が調査した統計に基づく。また、生駒・西信貴鋼索線の駅は除く。

# KINTETSU 26

## 創業以来の歴史を刻むターミナル
## 大阪線／難波線・大阪上本町駅

"上六"の愛称で親しまれた祖業の地・大阪上本町。駅ビルには近鉄百貨店が入居し、現在も本社を構える拠点駅である。しかし、難波線開業後は特急列車の大半と奈良線の全列車が難波線に直通するようになり、大阪線のターミナルは大阪上本町と大阪難波の2カ所になった。

### 地上ホームには大阪線の列車が発着

近鉄にとって創業の地ともいえるターミナル駅が、大阪上本町である。直系の前身企業である大阪電気軌道が建設した最初の路線が現在の奈良線であり、1914年に上本町～奈良間が開業している（傍系の鉄道会社によって建設された路線には、奈良線より古い歴史を持つ路線もある）。"上六"の通称は、駅の所在地が上本町六丁目であり、駅前を通る大阪市電の

近鉄創業の地である上本町6丁目には、大阪上本町駅が、近鉄グループの百貨店やホテルなどとともに立つ。

停留所名も「上本町六丁目」であったことに由来する。ただし、近鉄の駅自体が「上本町六丁目」を名乗ったことはなく、2009年に現駅名の「大阪上本町」に改称されるまで、ずっと「上本町」のままであった。なお、駅前のバス停留所の名称は現在も「上本町六丁目」だが、市電に代わり開通した大阪市営地下鉄（現・Osaka Metro〈大阪メトロ〉）谷町線の最寄り駅は「谷町九丁目」である。

開業当時、駅は現在地より少し北にあったが、1926年に現在地に移転、壮麗な駅ビルも完成する。以後、路線網の伸張に合わせて駅も拡張を続け、1950～60年代には9面8線の櫛形ホームに奈良線・大阪線の列車が発着する、在阪私鉄では最大級の規模へと発展した。その後、1970年に地下線である難波線が開業、

奈良線は近鉄難波(現・大阪難波)駅の発着となり、地上ホームは大阪線のみが使用するようになる。1973年には現在も近鉄百貨店の入居する新しい駅ビルが完成している。

## 特急列車の発着は大半が地下ホーム

現在、地上ホームは6面6線、地下ホームは2面2線で、両ホーム間は改札内で結ばれている。特急列車は難波線開業時に名阪特急と阪伊特急の一部が大阪難波駅発着に改められ、地上ホームを発着する特急列車は激減した。志摩スペイン村が人気を博した1990年代に、阪伊特急を上本町駅始発に集約したこともあったが、やはり大阪難波駅の方が利便性がよいこともあり、多くの列車が大阪難波駅発着に戻されている。

そして2021年7月のダイヤ改正で、新型コロナウイルス禍による乗客減により阪伊特急が削減され、大阪上本町駅始発の多くが廃止または臨時列車扱いとなった。これにより、日中の地上ホームから特急列車が姿を消している。

このように、近年の大阪上本町駅の地位低下は否めないが、一方で2010年には、新歌舞伎座が入居した複合ビル「上本町YUFURA」が駅に隣接した近鉄劇場跡地に建てられるなど、文化の発信地としての性格を強めつつある。

開業年
**1914年4月30日**
1日あたり乗降人員数(順位)
**65,644人(6位)**

行き止まり式の地上ホーム(左)と、通過型の地下ホーム(右)に分かれ、地下ホームは大阪難波方面へ続く。

### 用語解説

**近鉄劇場**
[きんてつげきじょう]

かつて近鉄が経営していた劇場で、1938年に開業した映画館「大軌小劇場」(上六近鉄会館)がルーツ。1985年に劇場に改築され、当時は近鉄が運営していたOSK日本歌劇団などの公演舞台として使用されてきた。2004年に閉鎖され、現在は跡地に「上本町YUFURA」が立っている。

# KINTETSU 27

## 二大幹線が交差するジャンクション
## 大阪線／橿原線・大和八木駅

大阪線と橿原線が交差する大和八木駅は橿原市の中心駅であり、周辺観光の拠点である。同時に近鉄が誇る特急ネットワークの要であり、京都・大阪および名古屋・伊勢志摩方面の各特急が相互に接続、特急間の乗換客が非常に多い駅である。

### 奈良県内で名阪特急が停車する唯一の駅

　大和八木駅は、人口約12万を数える奈良県第二の都市、橿原市の中心駅だ。乗降客数こそ大和西大寺駅や学園前駅などの奈良線各駅に及ばないものの、特急の発着本数では奈良県内の各駅で最多を誇る。特に名阪特急や阪伊特急などの長距離列車が多数発着するが、名阪特急に乗車できるのは奈良県内では大和八木駅だけであり、現在の近鉄の看板列車である名阪甲特急「ひのとり」も朝夕の時間帯を中心に停車する。県内を走る定期特急列車が存在しないJRに対し、長距離特急列車が頻繁に行き交う近鉄の、県内での優位性を象徴する駅であるといえるだろう。

　駅構造は2面2線の橿原線と2面4線の大阪線が立体交差する4面6線で、1階が橿原線、2階が大阪線。改札口は1階の5番ホーム（橿原線下りホーム）に直結している。先に開業したのは橿原線（当時の路線名は畝傍線）で、1923年3月に八木駅として開業したが、このときの駅は現在の場所ではなく、現在の八木西口駅にあった。その2年後に大阪線（当時の路線名は八木線）が延伸されて八木駅に乗り入

高架の大阪線ホームと、地平の橿原線ホームがほぼ直角に交差する大和八木駅。改札内は「駅ナカ」施設が充実している。

開業年
**1923年3月21日**
1日あたり乗降人員数（順位）
**32,974人**
**（16位、八木西口駅を含む）**

近畿日本鉄道の駅がわかる

行先案内表示器には4方面から来る列車と乗場が、ホーム番線と矢印でわかりやすく示される。

橿原線の地上6番ホームから京都方を見る。新ノ口連絡線が接続するのは当駅から京都方だ。

れ、1928年には大軌八木駅に改称されている。そして1929年、八木線の桜井への延伸にともない現在地に移転、従来の駅が八木西口駅と改称された。現駅名に改称されたのは1941年のことである。

## 一日を通して特急相互間の乗り換えが多い

　周辺に多くの観光地を擁する大和八木駅だが、大阪線と橿原線が交差することもあり、乗換駅のイメージが強い。特に特急間の接続が重視され、京橿特急と名阪・阪伊特急間などでの乗客の乗り換えは非常に多い。また、1966年から運転を開始した京伊特急は、八木西口でスイッチバックして大阪線に乗り入れていたが、1967年に新ノ口～大和八木間の連絡線、通称「新ノ口連絡線」が開通し、スイッチバックが解消された。

　一方、大阪方面から八木西口駅へと直通する連絡線も存在するが、こちらは八木線(大阪線)が八木駅まで開業した際の路線を、大阪線延伸による駅移転後も利用しているもので、旅客営業列車が走る機会は少ない。

　なお、八木西口駅は大和八木駅からわずか400mしか離れておらず、営業上は大和八木駅の構内としての扱いであり、営業キロ程も同じ。2024年現在、八木西口～畝傍御陵前間の新駅設置構想に伴い、八木西口駅の廃止が取り沙汰されている。

**用語解説　新ノ口連絡線**　[にのくちれんらくせん]
立体交差する橿原線と大阪線を結ぶ目的で、1967年に開通した連絡線。新ノ口駅の南側から西へ分岐して大阪線に合流している。主に京伊特急が通過しているが、新ノ口連絡線開通以前の京伊特急は八木西口駅と大阪線を結ぶ短絡線(かつての八木線)をスイッチバックして通行していた。

# KINTETSU 28

## 5面のホームが並ぶ一大ジャンクション
## 大阪線／名古屋線／山田線・伊勢中川駅

大阪・名古屋・伊勢志摩の各方面に分岐するジャンクション。列車間の乗り換えがメインの駅としてあまりにも有名であり、とりわけ名古屋線が狭軌だった時代は名阪特急もこの駅で乗り換えが必要だった。近年は乗換客だけでなく、乗降客そのものも増えてきている。

西口広場から伊勢中川駅を見る。東口とは東西連絡地下道で結ばれ、改札口もこの地下道に面している。

最も東側の1・2番線から構内を見通す。2番線に停車中の列車は、1230系2両編成の伊勢中川発賢島行き普通列車。

### 列車を通り抜けてホーム間移動が可能

　2005年に松阪市と合併するまでは、旧嬉野町の玄関駅であった伊勢中川駅。とはいえ、「参急中川」の駅名で開業した1930年は、まだ駅周辺が旧中川村だった時代であり、多数の乗客の利用を見込んで設けられた駅ではない。当初から、大阪・名古屋・伊勢の3方面の結節点として開設された駅であり、2004年に改札口が地下化されるまでは小さな木造駅舎があるだけだった。

　駅舎のサイズに比して構内は広く、5面6線構造のうち4線は10両編成に対応し、1・5・6番ホーム以外はすべて線路の両側にホームがある。ホーム間は地下道で結ばれているが、乗り換えの便を図って、停車中の列車は両側の扉を開けてホーム間を移動できるようにしている。

　名古屋線が狭軌だった1938～59年の間は、当駅を境に線路幅が異なっていたため、名阪間を結ぶ特急も当駅で乗り換えが必要だった。伊勢湾台風の復旧と合わせて実施された改軌後も当駅でスイッチバックを行っていたが、当駅の北方に単線の中川短絡線が1961年に開通し、名阪特急は当駅を経由せず直通できるようになっている。

近畿日本鉄道の駅がわかる

## 短絡線の開通により乗り換え需要は減少

　現在でも乗換駅として名高い伊勢中川駅だが、名阪特急の全列車が中川短絡線を通過し、駅に停車しなくなった今では、特急利用客の乗換需要がさほどあるわけではない。ただ、名阪特急が満席であった場合や、停車駅の都合などで阪伊特急と名伊特急を乗り継いで名阪間を移動する場合など、乗換客は一定数存在する。名阪乙特急より阪伊乙特急の方が停車駅が多いことから、たとえば榛原（はいばら）駅から近鉄名古屋駅に向かう際は、伊勢中川駅で阪伊乙特急から名伊乙特急へ乗り継ぐこととなる。

　また、特急以外の列車は原則として中川短絡線を経由しないので、一般列車での名阪間の移動には伊勢中川駅での乗り継ぐことになる。朝夕は大阪線と名古屋線を乗り継ぐ通勤・通学客も少なくないので、ホーム上に人影が絶えることはない。

　そして各方面への列車の停車本数が多いという利便性のよさがプラスとなり、近年は駅周辺の宅地化が進み、商業施設も増えている。乗降客も増え続けており、山田・鳥羽・志摩線内では松阪・宇治山田・伊勢市駅に次いで乗降客が多い駅となっている。

伊勢中川駅の東口はロータリーを形成し、中央には時計塔が立つ。駅前は宅地は広がっている。

名阪間をスムーズに結ぶ単線の中川短絡線を「アーバンライナー」が、大阪に向かってゆっくり進む。

開業年
**1930年5月18日**
1日あたり乗降人員数（順位）
**6,343人（92位）**

### 用語解説　中川短絡線　[なかがわたんらくせん]

名古屋線標準軌化から約1年4カ月後の1961年3月に開通した、大阪方と名古屋方をダイレクトに結ぶ短絡線。総延長は420mで、伊勢中川駅の駅構内の扱いになる。開業時は名阪甲特急のみ通過していたが、2年後から乙特急も利用を開始、名阪特急は伊勢中川駅に入線しなくなった。

# KINTETSU 29

## 内宮への最寄り駅は有形文化財
## 山田線／鳥羽線・宇治山田駅

"お伊勢さんへは近鉄"というイメージを決定づけた、伊勢神宮への玄関駅。昭和初期に建てられた風格ある駅舎が今も現役で、皇族・政治家から修学旅行生、外国人観光客まで、世界中から集まる参拝者を迎え入れ続けている。

### 神都・宇治山田市のランドマーク

大阪電気軌道傘下の参宮急行電鉄によって、1931年に開業した伊勢神宮への玄関駅。当時、伊勢神宮は1929年の式年遷宮を契機とした参拝ブームに湧き、ライバルの伊勢電気鉄道も外宮前(げくう)に大神宮前を開業させるなど、鉄道会社間の競争が激化していた。宇治山田の開業で、大軌・参急は上本町(現・大阪上本町)～宇治山田間に直通列車を所要約2時間半で運行、お伊勢参りのメインルートとしての地位を確立することになる。

「宇治山田」という駅名は、当時の自治体名である"神都"こと宇治山田市(現・伊勢市)に由来する。1930年に遷宮を記念して開催された博覧会の跡地に、久野節(くのみさお)の手によるルネサンス様式の壮麗な駅舎が建てられ、高架ホームは行き止まり式ながら将来の内宮(ないくう)への延伸を見据えた構造となっていた。内宮への延伸は実現しなかったが、路線は1969年に内宮への最寄り駅となった五十鈴川まで、1970年には鳥羽まで延伸開業を果たしている。

壮麗な構えの宇治山田駅。昭和初期の人がこの建物を目の当たりにしたときの驚きは、いかようだっただろうか。

駅舎南端にそびえる塔屋は1936～68年の間、地元の防火用火の見櫓(やぐら)として利用された。

開業年
**1931年3月17日**
1日あたり乗降人員数(順位)
**6,352人(91位)**

近畿日本鉄道の駅がわかる

## 終点だった時代のバス乗場の遺構が残る

　駅舎は現在も開業当時と変わらず、皇族方が利用する貴賓室や、消防本部が見張りに使用していた屋上の塔もそのまま残る。2011年に国の登録有形文化財に登録され、翌12年には駅ナカ施設「Time's Place うじやまだ」がオープンしている。

　ホームは3面4線構造で、1・2番線は行き止まり式。1番ホームの東側にはバス乗場やバス用の転車台跡があるが、かつてはここから鳥羽・賢島方面へのバスが発着していた。なお2020年に運行を終えた鮮魚列車の始発駅でもあったが、現在運行されている鮮魚運搬車両「伊勢志摩お魚図鑑」は、松阪駅始発の列車に連結されている。

　宇治山田は開業以来、現在に至るまで伊勢観光の拠点であり、観光客・参拝客の利用が多い駅である。ただ実際には、外宮へは伊勢市の方が近く、最もポピュラーな参拝ルートは伊勢市から徒歩で外宮へ向かい、参拝後、外宮前からバスで内宮へ行き、帰路はバスで宇治山田に戻るというもの。ちなみに内宮へは五十鈴川の方が近いが、いずれにせよバス利用になることや、大半の参拝客が外宮と内宮の両方に参拝すること、宇治山田の方が列車の本数が多いことなどから、宇治山田がよく利用される傾向にある。

天井が高く明るいコンコースは、中央の柱に沿ってベンチが設けられいる。奥のショップは「Time's Place うじやまだ」。

終着駅時代に志摩方面と結んだ路線バスが発着したバス乗場。1番線と段差なしで乗り換えができた。バスは奥の転車台に乗り方向転換した。

### 用語解説

**久野節**　[くのみさお]

大阪出身の建築家（1882〜1962年）。鉄道省の初代建築課長を務めたのち、1927年に独立。南海ビルディング（南海電鉄難波駅、1930年）や東武ビル（東武鉄道浅草駅、1931年）、三宮阪神ビル（阪神電鉄三宮駅、1933年）など、ターミナルビルを数多く設計した。特に関西では大林組と組んで施工されたビルが多い。

75

# KINTETSU 30

## 志摩半島最大の観光拠点
## 鳥羽線／志摩線・鳥羽駅

かつては関西地区の修学旅行の定番としてにぎわった、志摩観光の玄関駅。近年は修学旅行団体の姿を見かける機会は減ったが、一方で「しまかぜ」で訪れるシニア世代の姿が目立つなど、駅の雰囲気も様変わりしている。

### 鳥羽線よりも志摩線の方が歴史は古い

　鳥羽水族館やミキモト真珠島など、伊勢・志摩エリアの主要観光スポットへの最寄り駅である鳥羽駅。JR参宮線（さんぐう）の終点でもあり、近鉄側が2面4線、JR側が1面3線の、計3面7線を有している。駅舎は近鉄側が橋上駅でJR側が地上駅だが、両駅間は改札内の連絡通路で結ばれている。また駅構内も跨線橋で結ばれており、以前はどちらの線の利用者も両方の改札口が利用可能だった。しかし2020年3月にJR鳥羽駅が無人化されたことで、改札内の連絡通路は閉鎖され、現在はいずれの改札口も完全に独立している。

　さて、実質的に途中駅であるにもかかわらず路線名が変わるのは、成り立ちの歴史的経緯が全く異なるためで、志摩線の方がはるかに古い。同線は志摩電気鉄道として1929年に開業、当時は狭軌であり、特産品の真珠などを運ぶ貨物列車が国鉄線に乗り入れていた。この志摩線が近鉄所属となったのは1965年のことで、その5年後に鳥羽線が開通、合わせて志摩線の標準軌化も完成して、賢島までの直通運転が始まることになる。

◀海岸を埋め立てて確保した土地に設けられた鳥羽駅は観光の拠点。JRの駅舎は線路を挟んだ奥に位置する。▲近鉄のホームは2面4線構造。賢島方に橋上駅舎があり、編成両数の短い普通は階段近くに停車する。

# 近畿日本鉄道の駅がわかる

## 修学旅行生のにぎわいも今は昔

　特急列車が数多く発着するだけあって、近鉄駅の改札前には広い待合室や土産物店、カフェなどがあってにぎわいを見せているが、とりわけ「しまかぜ」発車前にはシニア世代の旅行者の姿をよく見かける。一方でJR駅も2階に食堂や土産物店が入居するものの、1階の改札口前は閑散としている。

　JR（国鉄）鳥羽駅は近鉄鳥羽線開業以降、利用者が激減し、現在の乗降客数は近鉄駅の5分の1以下の数字でしかない。しかし、近鉄駅の利用者も1990年代前半と比べて3分の1程度にまで落ち込んでおり、宇治山田駅や賢島駅など他の主要駅と比べても落ち込みが激しくなっている。

　かつては京阪神方面からの修学旅行の定番であり、連日のように小学生でごった返していた鳥羽駅。しかし、伊勢・志摩を訪れる修学旅行団体自体が減ったことに加え、観光バス利用の学校が増えたこと、そして志摩スペイン村などの訪問先の多様化により、「帰路は鳥羽から乗車」のパターンが崩れているのが実情である。とはいえ、現在も修学旅行列車の運行ダイヤは維持されており、しばしば専用車両である15200系「新あおぞらⅡ」の姿を見かけることができる。

鳥羽駅は近鉄とJRのホームが並ぶ。JRは切り欠き式の1面3線ホームで、名古屋行きの快速「みえ」は近鉄特急に対抗して生まれた。

開業年
**1929年7月23日**
1日あたり乗降人員数（順位）
**3,175人（146位）**

### 用語解説

**参宮線**
［さんぐうせん］

伊勢神宮への参詣客輸送を目的に、1911年に全通した。かつては幹線と同等に扱われて優等列車も数多く走っていたが、近鉄名古屋線の標準軌化や鳥羽駅までの延伸開業などにより利用者が減少し、ローカル線に転落した。しかし、現在も快速「みえ」が名古屋〜鳥羽間などで運行され、一定の需要を担っている。

# KINTETSU 31

## 大阪・奈良・京都の三都市を結ぶ駅
## 奈良線／京都線／橿原線・大和西大寺駅

大和八木、伊勢中川と並ぶ近鉄ネットワークの要であり、平面交差駅としては日本有数の規模を誇る。ホームや駅構内は乗り換え客で終日にぎわい、特急列車も頻繁に発着するが、運転時間1時間以内の短距離特急が大半を占めている。

### 東西南北に線路が延びる交通の要衝

　開業当時の駅名は「西大寺」。西大寺は奈良時代に建立された古刹で、いわゆる"南都七大寺"のひとつである。駅の西側に位置し、国宝や重要文化財に指定される多くの寺宝を有するほか、大きな茶碗で回し飲みをする茶会「大茶盛」で知られる。1914年の開業当時は、その西大寺への最寄り駅としての存在でしかなかったが、1920年に駅東側に車庫が設けられ、翌年に畝傍線（現・橿原線）が開業する。1928年には、のちに京都線となる奈良電気鉄道線も開業、4方向へと線路が延びる奈良線随一の要衝へと発展してゆく。

　駅の発展はその後も続き、2度の移転を経て、現在の路線配置となったのは1980年代のことである。また駅名も2度の改称を経て、1941年に現在の駅名となった。そして2000年代以降は駅舎の改築が行なわれ、2009年には駅ナカ商業施設「Time's Place Saidaiji」がオープンしている。

近鉄随一のジャンクションである大和西大寺は、1982年にホーム・橋上コンコース拡張などの改良工事が完成した。コンコースには駅ナカショップが展開する。

開業年
**1914年4月30日**
1日あたり乗降人員数（順位）
**43,743人（10位）**

大和西大寺駅の周辺にはポイント（分岐器）が42器もあり、それをすべて人の力で制御している。

近畿日本鉄道の駅がわかる

## 駅ナカ施設内には展望デッキもある

　現在の駅構造は3面6線で、原則として下り列車が1・2番、上り列車が3～5番、当駅始発の列車が6番ホームを発着する。また駅の東側に西大寺車庫があり、折り返し列車用の留置線も4線あるので、当駅始発・終着の列車も多数設定されている。異なる行先の列車が同じホームを次々と発着する光景は、平面交差駅ならではの運用の自由度が高く、乗り換えが楽というメリットがある反面、乗り間違えやすいというデメリットもあり、立体交差の大和八木駅とは対照的である。

　高頻度で行き交う列車は、橋上駅西側に設けられた展望デッキからも眺められ、子供たちに人気のスポットとなっている。特急列車も数多く発着するが、2021年7月のダイヤ改正で京伊特急が大幅に削減され、「しまかぜ」を含め1日あたりわずか2～3往復の運行となってしまったため、短距離特急が中心である。なお、かつては近鉄難波（現・大阪難波）～大和西大寺～京都間をダイレクトに結ぶ特急も運行されていたが、この列車は上下列車とも1番線を発着し、当駅で進行方向を変えていた。また、近鉄奈良駅と伊勢方面を結ぶ特急が運行されていたこともあるが、現在では駅の構造上、橿原神宮前方面から近鉄奈良方面への直通運転ができないため、このような列車の設定は不可能となっている。

空から見た大和西大寺駅。手前が奈良・橿原神宮方面、奥が大阪・京都方面で、奈良線・京都線・橿原線が当駅で合流しているのがよくわかる。

### 用語解説　平面交差［へいめんこうさ］

複数の路線が平面上でクロスするもの。後発の路線は、既設の駅や線路を活用できるメリットがある。しかし、通過列車は減速を強いられるほか、列車の遅延が発生すると広範囲に影響を受けるデメリットもある。このため重層による高架化や地下化を図ることで、立体交差化した駅もある。

# KINTETSU 32

## 標準軌線区と狭軌線区の結節点
## 橿原線／南大阪線／吉野線・橿原神宮前駅

京阪神における私鉄標準軌ネットワークの南端であり、さらに狭軌線区の南大阪線・吉野線系統との唯一の接点である。京都・奈良方面から吉野方面に向かう観光客は、この駅で必ず乗り換えることになり、特急列車同士の接続も図られている。

### 社殿のような駅舎を持つ橿原神宮の玄関駅

村野藤吾(むらのとうご)の設計で知られる立派な駅舎を持つ、橿原神宮の最寄り駅。橿原神宮は1890年に創建された官幣大社(かんぺいたいしゃ)で、橿原の地に宮を構えたとされる神武天皇を祀り、奈良県内では春日大社や大神神社(おおみわ)と並び参拝者の多い神社である。正月三が日には70万人を越える参拝者を集めるため、駅舎の正面には臨時の窓口も設けられている。また橿原神宮のみならず、甘樫丘(あまかしのおか)など飛鳥エリアの名所旧跡への最寄り駅でもある。

一方で、南大阪線・吉野線と橿原線が接続する乗換駅でもあり、乗換客の動線となる中央改札口前には飲食店や売店が軒を連ねている。橿原線が標準軌、南大阪・吉野線が狭軌と軌間が異なるが、伊賀線（現・伊賀鉄道）や内部(うつべ)・八王子線（現・四日市あすなろう鉄道）など、標準軌以外の支線の多くが別会社に移管された現在では、社内で異なる軌間の路線が共存する唯一の駅となった。1〜3番線が標準軌の橿原線、4〜7番線が狭軌の南大阪線・吉野線ホームで、V字形に配置されている。なお、最も東側の0番ホームは狭軌線であり、橿原神宮駅始発の特急「青の交響曲(シンフォニー)」や臨時列車などに使用されている。また0番ホームに隣接して、狭軌線車両の台車を標準軌用に履き替えるための施設がある。

立派な大和棟(やまとむね)と、神殿をイメージさせる丸柱が並ぶ橿原神宮前駅。写真の駅舎は中央口。

開業年
**1923年3月21日**
1日あたり乗降人員数(順位)
**17,139人(34位)**

近畿日本鉄道の駅がわかる

## 複雑な歴史をたどった3路線の合流点

　現在の橿原神宮前駅で接続する3路線は、かつてはそれぞれ出自の異なる別会社であった。一番最初に駅を設けたのは大阪電気軌道で、1923年に畝傍線(現・橿原線)を延伸して橿原神宮前駅を開業するが、この駅は現在の駅とは異なる。同年末に吉野鉄道(現・吉野線)が吉野口駅から延伸開業を果たし、大軌に接続しているが、軌間が異なるため乗り入れはできなかった。そして1929年に大阪鉄道(現・南大阪線)が開通するが、このとき開業した久米寺駅が、現在の橿原神宮前駅の前身にあたり、大鉄は同じ軌間の吉野鉄道と相互乗り入れを開始する。翌年には大軌の橿原神宮前駅と久米寺駅間を三線軌条化し、大軌の電車も久米寺駅に乗り入れるようになった。

　以後、久米寺駅が3路線の結節点として発展することになり、1939年には路線がV字形に配置される現在の姿に整備され、同時に久米寺駅は「橿原神宮駅」駅と改称された。駅名のなかに「駅」が含まれる変わった駅名であったが、現駅名に改称されたのは1970年のことである。

特急が停車している橿原線1番線と同一ホームの反対側は0番線で、橿原神宮前始発の吉野線臨時列車などが発着する。

南大阪線・吉野線の4~7番ホームは、西から南へカーブを描く区間に設けられた。橿原線ホームとはコンコースで連絡する。

### 用語解説

**村野藤吾** [むらのとうご]

昭和を代表する日本建築界の巨匠(1891~1984年)。百貨店から和風建築まであらゆるジャンルを手がけ、特に大軌(近鉄)など大阪のクライアントの仕事を数多くこなした。あやめ池温泉場(1929年)や近鉄社長だった佐伯勇の旧邸(1965年)、賢島駅(1970年)も村野の作である。

81

# KINTETSU 33

## 狭軌線区で唯一のターミナル駅
## 南大阪線・大阪阿部野橋駅

狭軌線区である南大阪線・吉野線系統の拠点駅であり、難波と並ぶ大阪ミナミの中心地。傍系のターミナルゆえ地味な印象が強かったが、「あべのハルカス」の開業により、今や大阪上本町駅をしのぐ存在感を誇っている。

### 大鉄が築いた大阪有数のターミナル駅

2014年の「あべのハルカス」の開業により、一躍脚光を浴びるようになった大阪阿部野橋駅。6面5線の櫛形ホームを持つ、南大阪線系統では唯一のターミナル駅であり、乗降客数は近鉄全駅中で最も多い。JR天王寺駅とは国道25号（あびこ筋）を挟んで隣接しているが、大阪メトロ御堂筋線および谷町線の乗換駅の駅名も「天王寺」であり、大阪阿部野橋駅も1923年の開業直後の約1カ月間は「大阪天王寺」駅を名乗っていた。それゆえ基本的には同じ場所にある駅と考えていいだろう。なお、駅名表記が地名表記などで広く使われている「阿倍野」ではなく「阿部野」なのは、過去には両方の表記が混用されていたためであり、誤りではない。

乗降客数で1位の座にありながら、「あべのハルカス」が開業するまで地味な存在であったのは、この駅が大阪鉄道（大鉄）という、近鉄では傍流にあたる私鉄によって開業し

あべのハルカスは大阪阿部野橋駅に直結する。2014年に全面開業した複合商業ビルで、高さは300m。近鉄グループのシンボル的存在である。

開業年
**1923年4月13日**
1日あたり乗降人員数（順位）
**140,110人（1位）**

近畿日本鉄道の駅がわかる

た駅であることが大きい。大阪鉄道は近鉄最初の路線となった河陽鉄道をルーツとし、現在の南大阪線を開業させた私鉄。ライバルの大阪電気軌道とは熾烈な競争を繰り広げるも、最終的には大軌の傘下となる。両社が合併し、大軌の後継会社である関西急行鉄道の所属駅となったのは1943年のことである。

## 今はなき旧本館は村野藤吾の手がけた名建築

ところで、駅と同様に駅ビルに入る百貨店も、開業当時は「大鉄百貨店」を名乗っていた。1937年に大鉄百貨店が入居する駅ビルが久野節の設計によって建てられ、戦災で大半を焼失したものの1948年には復旧して再オープンを果たしている。1957年には、近鉄系の建築の多くを手がけた村野藤吾の設計で大幅に増改築されたが、この旧本館は「あべのハルカス」のタワー館に建て替えられたため現存しない（1988年築の新館は「ウイング館」として現存）。なお、駅施設自体はタワー館内ではなく、ウイング館の1階にある。

朝夕を中心に通勤通学客で混雑する一方、吉野山や飛鳥、世界文化遺産の百舌鳥・古市古墳群など沿線に観光地が多く、通常の特急のほか観光特急「青の交響曲」も発着する。休日ともなると沿線各地に向かう行楽客でにぎわうが、とりわけ吉野の桜が咲き誇る春のシーズンは、特急列車の発着する6番ホームを中心に、華やいだ雰囲気に包まれる。

大阪阿部野橋駅は朝ラッシュ時に押し寄せる乗客をさばくため、これほど多くの自動改札機が必要だ。

特急は6番線を専用に使用し、ほぼ1時間に1往復を運行。改札口側に特急券自動発売機が設置されている。

### 用語解説

**あべのハルカス**
[あべのはるかす]

2014年に開業した、高さ300mを誇る日本一高いビル。アメリカの建築家シーザー・ペリ（1926〜2019年）の設計で、最上階の展望台「ハルカス300」からは大阪市街が一望できる。また百貨店「あべのハルカス近鉄本店」や「あべのハルカス美術館」、「大阪マリオット都ホテル」などが入居する。

# KINTETSU 34

## 近鉄で最古の歴史を誇る駅
## 南大阪線／長野線・古市駅

現在の近鉄では最も古い歴史を誇る、19世紀生まれの数少ない駅のひとつ。長野線が分岐し、狭軌線区の全車両が所属する車両基地も併設されるなど、南大阪線沿線では最も重要な拠点駅である。また世界文化遺産の百舌鳥・古市古墳群への玄関駅でもある。

### 河陽鉄道時代に誕生した狭軌線区のルーツ駅

　大阪阿部野橋駅を発車した急行・区間急行の最初の停車駅が、古市である。次の停車駅は尺土なので、南大阪線の大阪府内の急行停車駅は、起点の大阪阿部野橋を除けば古市のみということになる。

　2012年からは朝夕の一部特急列車も停車するようになった。駅の南側には南大阪線系統の全車両が配置される古市検車区があり、また河内長野駅とを結ぶ長野線も分岐するなど、南大阪線では最も重要な駅のひとつといえる。

　歴史も古く、現在の近鉄所属の駅では、柏原および道明寺と並ぶ最古の歴史を誇る。大阪鉄道（現・JR関西本線。後述する南大阪線の前身企業とは別会社）の柏原を起点とし、南河内方面とを結ぶことを目的に建設された河陽鉄道によって、柏原〜道明寺〜古市間が開業したのは1898年。この区間こそが近鉄最古の路

橿原神宮前・河内長野寄りに橋上駅舎がある古市駅。この駅舎は1969年の大阪阿部野橋方0.2km移設にあわせて建てられた。

古市駅は島式2面4線ホーム。当駅で列車の切り離しと増結を行うほか、終日、古市〜橿原神宮間の普通も設定されている。

近畿日本鉄道の駅がわかる

線であり、開業から約3週間後には富田林まで延伸されている。しかし、河陽鉄道は開業翌年に経営破綻し、新たに設立された河南鉄道が事業を継続するが、この河南鉄道がのちに大阪鉄道と名を変え、大正〜昭和初期にかけて南大阪線を開通させた。点在する古墳群を縫うように敷設された南大阪線に対し、支線であるはずの柏原〜道明寺〜古市〜富田林間はほぼ直線。際だった線形の違いが、歴史的経緯を物語っている。

## 増解結が頻繁に行われる交通の要衝

現在の古市は、2面4線のシンプルな駅構造で、南側に橋上駅舎がある。下り1・2番ホームは、主に1番ホームを橿原神宮前方面、2番ホームを長野線直通の列車が使用している。

長野線は支線とはいえ、大半の列車が南大阪線に直通するうえ利用客も多く、列車の発着状況を見ていてもどちらが本線か分からないような雰囲気である。また南大阪線はホームの有効長の関係上、8両編成で運転できるのが大阪阿部野橋〜古市間のみで、長野線も富田林までしか8両編成で運転できない。それゆえ、古市で頻繁に列車の増解結が行なわれている。

駅周辺は住宅地が広がっているほか、西側には誉田御廟山古墳（応神天皇陵）、軽里大山古墳（日本武尊白鳥陵）をはじめとする古墳が点在する。2019年、その百舌鳥・古市古墳群が世界文化遺産に登録されたこともあり、近年は観光客の利用も目立つようになった。

西出口は簡素なつくりだが、道路を隔てた近鉄プラザの前にはバスターミナルが設けられている。

開業年
**1898年3月24日**
1日あたり乗降人員数（順位）
**17,992人（31位）**

### 用語解説

**増解結**
［ぞうかいけつ］

列車の編成を途中駅で増結したり切り離したりすること。ホームの有効長が途中で変わる場合、または2方向に向かう列車を途中駅まで併結して運行している場合などに行われることが多い。原則として、増解結を行う駅では作業員の配置が必要となる。

85

# KINTETSU 35

## 南大阪・吉野線系統の終着駅
## 吉野線・吉野駅

狭軌線区である南大阪・吉野線系統の終点となる、吉野線の吉野駅。日本有数の桜の名所として知られる世界遺産・吉野山への玄関口であり、「青の交響曲(シンフォニー)」や「さくらライナー」などの特急列車も数多く発着する、近鉄沿線を代表する観光エリアの拠点である。

### かつては木材輸送でもにぎわった、吉野への玄関口

修験道の聖地である霊峰・吉野山の麓に位置する吉野駅は、吉野鉄道の終着駅として1928年に開業した。切妻(きりづま)屋根に漆喰(しっくい)壁という大和棟(やまとむね)の様式で建てられた駅舎は、開業当時からのものである。吉野鉄道は翌年には大阪鉄道(大鉄、南大阪線の前身)と直通運転も開始するが、その3カ月

1928年の開業時から変わらぬ社殿風の駅舎を維持する吉野駅。標高206mと、近鉄の鉄道駅の中でも高所に位置する。

後には大鉄のライバルである大阪電気軌道(大軌、近鉄の直系の前身)に吸収され、大軌吉野線となった。しかし、その後も大鉄との直通運転は続けられ、吉野駅は現在に至るまで南大阪・吉野線系統の終着駅としての地位を守っている。

駅構造は3面4線の櫛形ホームで、車両有効長が4両と短いながらも、終着駅らしい雰囲気に満ちている。開業当時から吉野への参詣者輸送を目的としていたが、かつては木材輸送でも活況を呈し、1977年まで当駅からの木材の積み込みが行われていた。現在もホーム脇に貨物ホーム跡の側線などが残る。また、貨物列車は主に吉野口駅や近鉄小房(おうさ)線

吉野駅開業の翌年から運行する、日本最古の索道、吉野ロープウェイ。吉野山の住民の足でもある。

近畿日本鉄道の駅がわかる

（1945年休止、52年廃止）畝傍駅から国鉄線に乗り入れていたが、花見のシーズンなどに旅客の臨時列車が国鉄線から乗り入れることもあった。開業直後の1928年には、昭和天皇即位を祝する山伏の一行が、国鉄湊町（現・JR難波）駅から臨時列車で吉野駅まで乗車したこともある。

## 特急列車が全発着列車の約3分の1を占める

世界遺産への玄関口であるだけに、駅前には土産物店が軒を連ね、桜のシーズンは多くの行楽客でにぎわう。観光特急「青の交響曲」をはじめとする特急列車も発着するが、2020年以降の新型コロナウイルス禍の影響による乗客減を受け、2021年7月のダイヤ改正では吉野駅を発着する特急列車が大幅に削減されている。それでも発着する全列車の約3分の1が特急列車であり、近鉄全体を見ても特急の割合が非常に大きい駅であるといえる。

なお、駅から吉野山の中心である金峯山寺までは徒歩で30分程度かかり、吉野大峯ケーブル自動車が運行するロープウェイでも行くことができる。吉野駅が開業した翌年に開通した、全長349mの短い路線だが、現存する日本最古のロープウェイである。

ロープウェイからの風景は、吉野駅のロケーションや構内の配線がひと目で見渡せる。

3面4線のホームを覆う大屋根は、ハウストラスと呼ばれる構造。行楽シーズンに合わせて、ゆとりのある広さが確保されている。

開業年
**1928年3月25日**
1日あたり乗降人員数（順位）
**412人（248位）**

### 用語解説

**吉野山**
[よしのやま]

古くより桜の名所としても知られる修験道の聖地で、役行者（えんのぎょうじゃ）を開基とする修験道の本山・金峯山寺を中心に神社仏閣が点在するほか、修行の道である「大峯奥駈道」の出発点でもある。2004年に「紀伊山地の霊場と参詣道」として、ユネスコの世界文化遺産にも登録されている

# KINTETSU 36

## 開業時は狭軌だった東の玄関口
## 名古屋線・近鉄名古屋駅

大阪市内のターミナル駅以外では最多の乗降客数を誇る、名古屋線の終点。名古屋では最初の地下駅であり、他社線との乗り換えの便も良い。櫛形ホームからは長距離特急列車が次々と発着し、他の私鉄駅にはない独特の雰囲気と風格を保っている。

### "名駅"の一角を占める地下駅

首都圏から伊勢志摩方面に向かう旅行客の多くは、東海道新幹線を名古屋で下車すると、連絡改札口を通って近鉄名古屋駅へと移動し、近鉄特急に乗車する。JR線でも鳥羽まで快速「みえ」で行くことができるものの、運転本数、乗客数ともに数倍以上の開きがあり、近鉄名古屋駅が伊勢志摩への事実上の玄関口となっている。

名阪間のシェアこそ新幹線の後塵を拝しているが、桑名や四日市、津など三重県内の主要都市との通勤・通学輸送においても、JR線の利用を圧倒している。1日あたりの乗降客数は9万人を越え、近鉄の駅の中では4番目に多い。

東京や大阪が複数のターミナルを持つのに対し、名古屋圏は実質的に"名駅"こと名古屋駅が唯一のターミナルであり、

地下改札口はホームのすぐそばに位置し、JRや名鉄に乗り換えやすく、こちらを通る利用者が多い。

近鉄パッセが入居する名古屋近鉄ビル内が正面口。出札口上に掲げられた路線図式の運賃表が、営業キロの長さを物語る。

開業年
**1938年6月26日**
1日あたり乗降人員数(順位)
**90,883人(4位)**

近畿日本鉄道の駅がわかる

JRだけでなく近鉄名古屋駅、名鉄名古屋駅も隣接している。それは大阪電気軌道傘下の関西急行電鉄が名古屋に進出するにあたり、国鉄の土地の払い下げを受け、名古屋駅までの延伸が可能になったことによる。1938年に関急名古屋（現・近鉄名古屋）駅が開業、3年後には同様に名古屋駅乗り入れが実現した名古屋鉄道の新名古屋（現・名鉄名古屋）駅も開業している。

## かつては名鉄からの乗り入れ列車も

近鉄名古屋駅は4面5線構造で、開業当時は2面3線だった。名古屋初の地下駅であり、現在の1・2番ホーム付近が開業当時からのホーム。主に特急列車が発着する奥の4・5番ホームなどが1967年に拡張された区画になるが、支柱の形が開業時（円柱）と拡張時（角柱）で異なっているので、容易に見分けがつく。

近鉄名古屋駅は、JR名古屋駅のツインタワービル、名鉄名古屋駅の駅ビルに隣接する名古屋近鉄ビル内に正面改札口がある。

建設当時から名鉄とは協調関係にあり、地上への出入口も1966年に駅ビルが建てられるまで、名鉄と共用だった。現在でも、各ホームと階段で結ばれている**名古屋近鉄ビル**内の正面改札口は影が薄く、昔からの改札口である地下改札口の方が、はるかに存在感もあって人通りも多い。

なお、1959年に標準軌へ改軌されるまで、近鉄名古屋線も狭軌であり、1番ホームの先端の少し先から名鉄へ至る連絡線が設けられていた。1950年代の一時期には、その連絡線を通り、双方の臨時列車が相手方に乗り入れていたこともある。線路幅が異なる現在では連絡線は撤去され、名鉄との境は壁でふさがれている。

---

**用語解説　名古屋近鉄ビル**
［なごやきんてつびる］

1966年に建てられた近鉄名古屋駅の駅ビルで、設計者はル・コルビュジエの弟子として知られ、パリ万博日本館（1937年）や大阪スタヂアム（大阪球場、1950年）などを手がけた建築家・坂倉準三（さかくらじゅんぞう、1901〜1969年）。中地下1階に正面改札口が設けられており、商業施設「近鉄パッセ」が入居する。

89

# KINTETSU 37

## 新しい橋上駅舎の完成で面目を一新
## 名古屋線・桑名駅

かつては養老線と西桑名駅の北勢線も合わせると、近鉄では3路線が接続していた桑名駅だが、独立・譲渡により前記の2路線は分離され、現在では近鉄においては名古屋線のみとなった。2020年に新駅舎が完成し、JRとの駅構内の共同利用が解消されている。

### 複雑な歴史をたどる共用駅

　桑名駅は人口約13万8千人を数える桑名市の玄関駅。歴史の始まりは1894年の関西鉄道(現・JR関西本線)の開業であり、1919年には養老鉄道も桑名駅まで延伸開業している。養老鉄道の桑名〜揖斐間の路線は、何度も社名を変えながら1940年に近鉄の前身企業のひとつである参宮急行電鉄の傘下となる。戦後は長らく近鉄養老線として運営されてきたが、2007年に再び養老鉄道として独立、現在は近鉄とは別会社の路線となっている。なお、1914年には北勢鉄道(近鉄北勢線を経て、現在は三岐鉄道北勢線)も桑名に路線を開業しているが、駅は桑名駅に隣接するものの「西桑名」を名乗り、別の駅として扱われている。

　そして1929年、伊勢電気鉄道が四日市駅から延伸して桑名駅に乗り入れている。伊勢電気鉄道は翌年に大神宮前駅(伊勢神宮の外宮前に所在した)まで開業するなど長大路線を築いたが、経営難により1936年に参宮急行電鉄と合併する。1938年には、同じく近鉄の前身企業である関西急行電鉄が、桑名〜関急名古屋(現・近鉄名古屋)間を結び、現在の近鉄名古屋線が全通している。

2020年に新駅舎が誕生した桑名駅。左は表玄関にあたる東口で、バスターミナルがある。右が西口。東西は橋上自由通路で結ばれている。

近畿日本鉄道の駅がわかる

## 2020年の新駅舎誕生で改札口が分離

　駅の構造は、JRが2面3線、近鉄線および養老鉄道が2面4線の計4面7線で、養老鉄道は4番線、近鉄線は6～8番線を使用している（5番は欠番）。長らく駅構内は3社の共用で、全てのホームが跨線橋で結ばれ、東口改札をJRが、西口改札を近鉄が管理していた。また養老線の4番線と近鉄線の6番線は同じホーム上にあるが、養老線の独立後にホーム上で仕切られ、連絡改札口が設けられた。

　2020年8月、約3年間の工事期間を経て新駅舎が完成、供用を開始した。新駅舎は旧駅舎より約80m南側に設置された橋上駅で、3社が独立した改札口を持ち、各改札口が自由通路で結ばれている。同時に従来の跨線橋は閉鎖され、改札口を通過せずに各社間で乗り換えることはできなくなった。

　また、東西自由通路の完成によって、これまでは入場券を購入して駅構内を通り抜けるか、少し離れた北側の踏切を渡るしかなかった東西の移動が非常に楽になり、駅周辺の活性化が期待されている。

名古屋行き30000系「ビスタEX」が停車中の7番線。桑名駅は名古屋方面ホームが同一方向での緩急接続が可能な島式ホームになっている。

開業年
**1919年4月27日**
1日あたり乗降人員数（順位）
**18,343人（30位）**

自由通路が完成し、各改札口が分離された。手前から近鉄・養老鉄道・JRの改札口が並ぶ。

## 用語解説

### 西桑名
[にしくわな]

軌間762mmのナローゲージである三岐鉄道北勢線（1965～2003年の間は近鉄北勢線）の起点で、開業時の駅名は「大山田」。桑名駅の東側にあるにもかかわらず「西桑名」を名乗っているのは、駅所在地の自治体が昭和初期の一時期「西桑名町」であったことに由来する。

91

# KINTETSU 38

## 1位は大阪阿部野橋、2位は鶴橋……<br>乗降人員の多い駅、少ない駅

日本の私鉄では圧倒的に駅数の多い近鉄。近畿一円、さらに名古屋都市圏および三重県をエリアにするだけあって、1日あたりの乗降客数が10万人を越えるターミナル駅が多い反面、わずか十数人のローカル駅まで、バラエティに富んでいるのが特徴だ。

### ベスト3はすべて大阪のターミナル駅

5府県にまたがる近鉄の路線網には、たくさんのターミナル駅がある。駅の"格"という意味では、創業の地であり本社所在地でもある大阪上本町駅が、近鉄随一のターミナル駅であるといえよう。しかし、大阪上本町駅の乗降客数は65,644人と10万人に満たず、鋼索線を除いた全279駅中の6位。これは乗り換えが便利な鶴橋駅(2位、

乗降人員数第3位の難波は、阪神なんば線と直通し、南海電鉄、大阪メトロ御堂筋線・四つ橋線・千日前線と接続する。

137,399人)や大阪難波駅(3位、112,968人)に分散しているため、特急停車駅ではない近鉄日本橋駅でも44,540人(8位)の利用がある。大阪線の利用者も多くが鶴橋駅で下車、または乗り換えるので、地上ホームが大阪線の急行・普通列車の終点となる大阪上本町駅は6位に留まっている。

そんな大阪線・奈良線系統の各ターミナル駅を差し置いて、乗降客数1位に輝

●乗降人員数が多い駅

| 順位 | 路線名 | 駅名 | 乗降人員(人) |
|---|---|---|---|
| 1 | 南大阪線 | 大阪阿部野橋 | 140,110 |
| 2 | 大阪線 | 鶴橋 | 137,399 |
| 3 | 難波線 | 大阪難波 | 112,968 |
| 4 | 名古屋線 | 近鉄名古屋 | 90,883 |
| 5 | 京都線 | 京都 | 72,154 |
| 6 | 大阪線 | 大阪上本町 | 65,644 |
| 7 | 奈良線 | 近鉄奈良 | 54,783 |
| 8 | 難波線 | 近鉄日本橋 | 44,540 |
| 9 | 奈良線 | 学園前 | 44,369 |
| 10 | 奈良線 | 大和西大寺 | 43,743 |

●乗降人員数が少ない駅

| 順位 | 路線名 | 駅名 | 乗降人員(人) |
|---|---|---|---|
| 279 | 大阪線 | 西青山 | 10 |
| 278 | 志摩線 | 五知 | 11 |
| 277 | 志摩線 | 沓掛 | 13 |
| 276 | 大阪線 | 東青山 | 24 |
| 275 | 志摩線 | 穴川 | 31 |
| 274 | 志摩線 | 白木 | 31 |
| 273 | 大阪線 | 伊勢石橋 | 45 |
| 272 | 吉野線 | 薬水 | 47 |
| 271 | 吉野線 | 大阿太 | 65 |
| 270 | 志摩線 | 上之郷 | 75 |

※2023年11月7日、近鉄調べ

## 近畿日本鉄道の駅がわかる

くのが南大阪線の大阪阿部野橋駅(140,110人)。当駅以外に便利な乗換駅がなく、地下鉄などへの直通路線もないので、大阪阿部野橋駅に集中してしまうのである。同じ傾向は名古屋線にも見られ、近鉄名古屋駅の乗降客数は90,883人で4位。一方の京都駅も72,154人の5位と多いが、こちらは京阪電気鉄道京阪本線が接続する近鉄丹波橋駅(39,779人、12位)などにも一定数流れている。

その他の県庁所在地駅では、近鉄奈良駅が54,783人で7位。奈良線は近鉄の祖業ともいえる路線だけに乗降客も多く、学園前駅(44,369人、9位)や生駒駅(42,929人、11位)なども上位に顔を出している。そして三重県の津駅は24,211人(24位)と控えめな数字だが、三重県内では県内最大の都市である四日市市の玄関駅・近鉄四日市駅が39,575人(13位)で最上位となっている。

### 最下位の駅は乗降客数わずか10人

乗降客数の下位の駅は、大阪線の山間部および志摩線・吉野線の駅で占められている。最下位の279位は大阪線の西青山駅で10人。1975年の新青山トンネル開通時に移設された駅で、現在の駅はトンネル出口のすぐそばにある。国道165号沿いなので決して秘境駅ではないが、周囲に民家はなく、ハイキング客や鉄道ファン以外の利用はほとんどない。一方で277位の沓掛駅(13人)は、周辺に民家も点在し、1980年代には100人前後の利用があった。他の大半の下位の駅と同様に、モータリゼーションや少子化の影響による利用者減が原因だと思われる。

山間部の小駅、西青山駅は、近鉄の普通鉄道の駅で最も高い、標高316.7mの地点に位置する。

島式1面2線の沓掛駅。国道167号に面し宅地が見られるが無人駅で、普通列車のみ停車する。

---

**用語解説**

**学園前**
[がくえんまえ]

近鉄が関西急行時代に設立した帝塚山(てづかやま)学園の最寄り駅として、1942年に開業。学校運営と並行してまちづくりを進めたことで、駅周辺は奈良線沿線屈指の高級住宅街へと発展した。1日あたりの乗降客数は44,369人を数え、鋼索線を除いた全279駅中9位。乗換駅ではない駅としてはずば抜けて多い。

## KINTETSU COLUMN
# 列車ごとに異なる発車メロディ

### 看板特急にはオリジナル楽曲も

　今やJR、私鉄を問わず、多くの駅で流れる発車メロディ。近鉄でも特急列車の発車時を中心に、さまざまなメロディが流され、一部の曲は公式YouTubeチャンネルでも聞くことができる。

　最新のメロディは、2020年に運行を開始した特急「ひのとり」。「ひかりの鐘」というオリジナル楽曲が、大阪難波駅と近鉄名古屋駅の発車時に流されている。看板特急にふさわしい優雅なメロディで人気が高い。また、同じく看板特急「しまかぜ」のメロディは、『ブルグミュラー18の練習曲』より2番「真珠」。志摩半島の名産である真珠の名が付いたリズミカルな曲で、各始発駅を発車する際に聞くことができる。

　それ以外の特急列車でも、列車や発車駅、行先によって数種類のメロディが流れるが、同じ曲でも駅によってアレンジが異なる場合もある。また、過去には三重県出身で「みえの国観光大使」の歌手・西野カナさんの曲が期間限定で使われたこともあった。特急乗車の際は、ぜひ注意深く耳を澄ましてみよう。

特急の発車に合わせて流れるメロディは、近鉄名古屋駅の名物にもなっている。

### ●近鉄の列車発車メロディ一覧

| 列車 | 駅・路線 | 曲名 | 作曲者 |
|---|---|---|---|
| ひのとり | 大阪難波、近鉄名古屋 | ひかりの鐘 | オリジナル曲 |
| しまかぜ | 大阪難波、近鉄名古屋、京都、賢島 | 真珠 | ブルグミュラー |
| 一般特急 | 近鉄名古屋(伊勢志摩方面) | ウェストミンスターチャイム＋Around the World(八十日間世界一周) | ヤング |
| 一般特急 | 近鉄名古屋(大阪方面) | ウェストミンスターチャイム＋ドナウ川の漣 | イヴァノヴィチ |
| 青の交響曲 | 大阪阿部野橋 | 交響曲第101番「時計」第2楽章 | ハイドン |
| あをによし | 大阪難波、近鉄奈良、京都 | 三都旅絵巻 | オリジナル曲 |
| 一般特急 | 大阪阿部野橋、大阪上本町(地上)、近鉄奈良、京都、橿原神宮前(橿原線) | 水上の音楽第2組曲第2曲「アラ・ホーンパイプ」 | ヘンデル |
|  | けいはんな線(学研奈良登美ヶ丘方面) | 交響曲第6番「田園」第1楽章 | ベートーヴェン |
|  | けいはんな線(コスモスクエア方面) | 交響詩「海」 | ドビュッシー |

※2024年11月現在。近鉄ホームページによる。

# CHAPTER 4 第4章

## 近畿日本鉄道の
# 車両がわかる

日本最大の路線長を誇る近畿日本鉄道では、今も近鉄を象徴する存在であるビスタカー、近年、数々の話題を集めた「ひのとり」「しまかぜ」などの特急車から普通列車までさまざまな電車が運転されている。本稿では、特急車を名阪ノンストップ、観光特急、汎用特急、団体専用の順に、通勤車を系統ごとの登場順に、さらに旧型車を取り上げる。

# KINTETSU 39

## 名阪ノンストップの新しい顔 80000系「ひのとり」

名阪ノンストップに充当される近鉄を代表する特急車で、コンセプトは「くつろぎをアップデート」。コンセプト通りに乗り心地の改善はもちろんのこと、座席にもこだわりを見せる。座席間隔はこれまでの「アーバンライナー」よりも拡大され、外観は赤を基調とした斬新なデザインとなっている。

高級感のある赤色のメタリックカラーをまとう80000系「ひのとり」。名阪特急をまたひとつアップデートした。

### 次世代の名阪ノンストップ特急

　80000系は、「アーバンライナー」の次の世代の名阪ノンストップ特急として2020年に登場した。車体色は赤色を基調としたメタリック塗装で、金色の帯や「ひのとり」のロゴマークが気品を感じさせる。前面は非貫通の流線形で、6両固定編成と8両固定編成の2種類がある。8両固定編成のみ、4両ずつに分割できる入換用の運転台がモ80700形とサ80800形に設けられている。

　両先頭車はハイデッカー構造のプレミアム車両、中間車は平床構造のレギュラー車両である。車内は観光やビジネスにも使える快適な空間として、カフェスポットやベンチスペース、ロッカーや荷物置きスペースなどを備える。

　座席は2クラス制で、全席に採用された**バックシェル**が特徴。プレミアムシートは革張りで電動リクライニング、レッグレスト機能を持つ最高級仕様。レギュラーシートもコンセントはもちろん、高さ調節のできる足乗せ台も備えている。

近畿日本鉄道の車両がわかる

本革張りのゆったりとした座席が2＋1列配置で並んだプレミアム車の車内。

2＋2列配置だが、レギュラーシートにもバッグシェルが付き、個を重視する時代の要望に応えた。

座席間隔はプレミアム車両では1,300mmあり、新幹線の最上位「グランクラス」と同じである。レギュラー車両は1,160mmだが、新幹線のグリーン車と同じ間隔で非常にゆったりしている。そのためレギュラー車両も特急料金以外に「ひのとり」特別車両料金が必要になったが、最高でも200円なので格安といえよう。

## 揺れを抑えて乗り心地を向上

　80000系は乗り心地の快適さを追求し、プレミアム車両には電気式横揺れ軽減装置を採用。左右の加速度センサーから車体の左右振動を計測し、制御器から電動式アクチュエータを通じて車体振動を打ち消す方向に力を与えて左右振動を抑え込む。新幹線にも使われている装置で、空気式より高価だが応答性のよい電動式を採用している。

　走行装置は、主制御装置に保守が容易で長寿命のハイブリッドSiC素子を用いたVVVFインバータ、主電動機に全閉自冷式のかご形三相誘導電動機を採用。故障や異常時にも定時運行ができるように、補助電源装置とも1台に問題が生じても代替の機器で運転が継続できる。

　2020年3月から営業運転が始まり、翌21年2月から名阪特急の速達タイプの全列車を担当している。また、朝と夜は阪奈特急にも充当されている。他線での営業運転は少ないが、正月などの臨時特急で鳥羽まで運転されることはある。

### 用語解説　バックシェル［ばっくしぇる］

座席背面部を包むように設置された覆いで、座席をリクライニングしてもこの覆いは移動しないため、後方席に圧迫感を与えない。リクライニング時に足が前席に触れないほど座席間隔が広い「ひのとり」の全座席や、新幹線の最上位座席であるグランクラスなどで採用されている。

# KINTETSU 40

## 名阪ノンストップの革命児 21000系／21020系「アーバンライナー」シリーズ

「アーバンライナー」は名阪特急のシンボルとして1988年に登場。近鉄の次世代特急を担う車両として数多くの機能が盛り込まれた。現在は更新工事を受けて「アーバンライナーplus」となった。また、更新工事による名阪特急の車両不足に備えて登場したのが「アーバンライナーnext」である。

くさび形のデザインと白色を基調とした塗色で、近鉄特急に新風を吹き込んだ21000系「アーバンライナー」。デザインもさることながら、高級感のある快適な内装も好評を博した。

### デザインもサービスも刷新

　21000系は1988年に登場した名阪ノンストップ専用車である。開発にあたり市場調査が行われ、「Exceed S-7」という「S」で始まる7つの技術開発目標（Speed、Style、Space、Seat、Sight、Sanitary、Service）が設定され、従来の近鉄特急を覆すデザインとサービスは専用車両にふさわしい内容であった。

　先頭車は非貫通の流線形で、他車との連結を考慮していない。車体色は白色を基調に、腰板や窓まわり、吹寄に橙色の帯が入った。座席はデラックス車両（以下、DX車）とレギュラー車両（以下、R車）の2クラス制で、名古屋側2両が2＋1列のDX車。R車は従来と同じ4列席だが、シートピッチはいずれも1,050mmに拡大され、足乗せも装備する。車内設備では公衆電話の設置のほか、オーディオサービスが行われ、DX車では各席にイヤホンジャック式オーディオ装置を装備、R車ではFM波が発信され、手持ちのラジオで聞けた（現在はともに終了）。

　走行装置は抵抗制御で、MM'車で1ユニットを組む全電動車方式である。名阪間の所要時間を2時間以内とするために、最高速度が120km/hに引き上げられた。

近畿日本鉄道の車両がわかる

6両編成を基本編成とし、初期車の3本は中間2両に本線で使用可能な運転台を持ち、4両編成の運用が可能であった。しかし、利用客が増えたため増備車の8本は中間車に運転台のない6両編成となった。1990年に運転台のない中間車2両編成が3本登場し、初期車3本の運転台付き中間車2両と置き換えた。この中間車はモ21700形、モ21800形に改番され、8両編成化する際に使用されている。

## 機器類を一新した増備車

　21000系は登場後15年近くなり、車体更新の時期を迎えた。更新工事中は車両が不足するため、2002年に登場したのが21020系「アーバンライナーnext」で、6両固定編成が2本登場した。最高速度は130km/hとなり、制御機器はVVVFインバータ制御方式に変更された。高出力の主電動機を備えたことで3M3Tとなり、M-T車で1ユニットを組む方式となった。

　車体にプラグドアを採用し、車内にバリアフリー対応設備を備えたほか、全席に「ゆりかご型シート」を導入し、喫煙コーナーなども設置された。「ゆりかご型シート」は背ずりを倒すと連動して座面後部が沈む構造で、快適な座り心地が得られる座席である。また、DX車は名古屋側先頭車1両となった。

　21000系の更新工事はDX車の半減化など21020系に合わせた大掛かりな改造となり、2003年から「アーバンライナーplus」としてリニューアルされた。

更新工事を受けた21000系「アーバンライナーplus」。客室設備のほか、外観では窓まわりや裾部の車体色が21020系に準じたカラーに変更された。

21020系「アーバンライナーnext」では、外観以上に走行機器や内装が大きく変更されている。21000系と共通運用が組まれている。

---

**用語解説　名阪ノンストップ**
［めいはんのんすとっぷ］

名古屋と大阪を結ぶ速達タイプの特急で、主要駅停車タイプの乙特急に対して甲特急と呼ばれる。名古屋線の広軌化工事が完成した1959年12月から運転を開始し、翌年1月から大阪上本町〜名古屋間が無停車となった。中川短絡線の完成後は、中川で行われていた運転停車も解消された。

99

# KINTETSU 41

## 名阪ノンストップや特急網拡大に貢献 12000系／12200系「スナックカー」シリーズ

名阪ノンストップをはじめ、特急の大増発に備えて登場したのが12000系である。名阪ノンストップ運用では座席で食事ができるよう、車端に簡単な調理ができる設備が設けられ、「スナックカー」と呼ばれた。後にこの設備を改良・拡張した12200系も登場し、近鉄特急網の確立に貢献した。

12000系2両編成＋12200系2両編成の特急。前面の特急マークが誇らしい。運転室と客室の間にスナックコーナーがある。写真／辻阪昭浩

### 名阪特急の大増発に対応

　大阪線の複線化工事などが進み、1967年12月20日から名阪間の主要駅停車の特急が2往復から14.5往復に大増発された。この時に名阪ノンストップ用として登場したのが12000系である。2両編成で当初から排障器を備え、車体は11400系、走行機器は18200系を基本とした。前面は連結・解放の作業性を重視し、特急マークは着脱式から、貫通扉と幌カバーに固定された。幌カバーは中央で分割され、幌の使用時は観音開きで左右に開き、それぞれ二つ折りに畳む。なお、登場から半年ほどの幌カバーは1枚板・二つ折りで、分割線は中央になかった。
　車体断面は、裾部が曲線で絞られた形状に変更。腰板部分の左右には標識灯・尾灯と行先表示板枠が一体で配置され、近鉄特急の新しい顔となった。Mc（モ12000形）＋Tc（ク12100形）の2両編成で、走行機器は180kWの大出力主電動

近畿日本鉄道の車両がわかる

機を搭載。1970年にモ12000形の前頭部にパンタグラフが増設された。

車内は軽食を提供できるスナックコーナーが、モ12000形の運転台後方に設置された。名古屋都ホテルの担当で、名阪ノンストップのみで営業。「みやこコーナー」の愛称が付いた。座席は新開発のスライドリクライニング機構付きで、座席間隔は980mmに拡大。足元のヒーターが薄型となり、蹴込み板を斜めにして足乗せ台とし、足元が広くなった。2両1組という考えから、トイレ・洗面所はク12100形の運転台後方に設置された。

1985年前後に車体更新が行われ、スナックコーナーは車販準備室となり、前面は腰板部の左右に標識灯・尾灯、貫通扉に幕式の「特急」の表記と行先表示器が設置された。近鉄特急の基本車両として2000年まで活躍した。

## コーナーでの立食も可能となった「新スナックカー」

12200系は1969年に登場した12000系の改良車で、1976年まで168両が増備された。愛称は「新スナックカー」。車体形状や走行機器は12000系とほぼ同じで、登場時からパンタグラフが2基搭載され、側面に行先表示器が設置された。車内の割付は大きく変更され、トイレ・洗面所は連結面側に移された。また、スナックコーナーは拡大されて立食が可能となった。増備途中からはスナックコーナーのない車両や中間車も登場し、4両や6両の固定編成も現れた。

1980年代から12000系同様に改造や更新が行われ、扉の移設や座席の交換が行われた車両もある。2005年以降は一部が「あおぞらⅡ」などに転用され、2021年2月に特急の定期運用を終えた。一部の車両は「あおぞらⅡ」の置き換え用や観光特急「あをによし」に転用され、形式は変更されているが当分は活躍の予定である。

2021年に引退した改良型の12200系。通常営業の終了日は一般に公表されることはなく、静かに営業を終えた。今後も形式名を変えながら活躍は続く。

---

**用語解説** 名古屋都ホテル [なごやみやこほてる]

1963年から2000年まで名古屋駅前に存在したホテルで、近鉄系列である都ホテルチェーンの一つであった。現在は売却されて「センチュリー豊田ビル」に建て替えられたが、ホテルと駅を直結する地下街は現在も「ミヤコ地下街」の名称で、名古屋都ホテルがあった名残をとどめている。

# KINTETSU 42

## 看板特急は初の名阪ノンストップ 10100系「新ビスタカー」

「ビスタカー」の名前とともに、近鉄の名前を全国区に広めた立役者というべき車両が10100系である。名古屋線改軌工事の完成により名阪間が同一軌間で結ばれ、名阪間の直通運転が開始された。これに合わせて10100系「新ビスタカー」が登場し、2階建て車両が世間の注目を集めた。

A＋C＋Bの9両編成で運転された、さよなら運転最終日の10100系。名阪特急を中心に活躍し、近鉄特急のイメージを確立した立役者である。写真／辻阪昭浩

### 連接構造の初代名阪ノンストップ特急

　1959年9月に発生した伊勢湾台風により名古屋線が被災し、復旧工事を兼ねて名古屋線の改軌工事が前倒しで実施された。同年11月に完成し、翌月から始まる名阪直通運転用に登場したのが10100系「新ビスタカー」で、初代名阪ノンストップ特急として華々しい活躍が始まった。

　平床構造の両先頭車がMc車、2階建て構造の中間車がT車の3両編成で、連接車のため3車体を4台車で支える。全電動台車で、上り急勾配でも100km/h以上の運転が可能な性能を持つ。パンタグラフは大阪側Mc車に2基搭載され、電気関係の機器が集められた。名古屋側のMc車には空気関係の機器を、中間のT車には3両分の空調設備を搭載し、隣の車両へはダクトを通して冷風が送られた。

　先頭形状は流線形と貫通形があり、組み合わせにより大阪側が流線形／名古屋側が貫通形のA編成、大阪側が貫通形／名古屋側が流線形のB編成、両側とも貫通形のC編成の3種類があった。A編成のうち最初の流線形車両は運転台窓に桟

近畿日本鉄道の車両がわかる

通常は単独の3両編成か2編成の併結、もしくは他形式との併結で運転された。貫通側先頭車の前面形状は、その他の特急車の基本デザインとなった。写真／辻阪昭浩

連接構造の3両編成の中間に組み込まれたダブルデッカー車。写真手前側の車端部に3両分の空調設備を搭載する。写真／辻阪昭浩

があるが、ほかはすべて曲面ガラスである。1962年までに18編成が登場した。

## 車内に色彩を統一したデザインを導入

　車内はインテリアデザインが取り入れられ、壁からカーテンに至るまで色彩が使い分けられた。また、登場時は座席にラジオが設けられた。中間車の1階には冷水器や電話室、車内販売控室が設けられたが、「スナックカー」の登場後はスナックコーナーにする改造が10編成に施された。また、トイレをタンク化改造するため1階から中2階に移動。2階の1窓分がふさがれ、外観上も変化した。

　運用は3両編成の単独や、A＋Bなどを組み合わせた6両編成で行われ、12000系などの他形式との併結もあった。A＋C＋Bの9両編成での運用は通常では行われず、最晩年の引退記念運転のみであった。ちなみに、12200系などが電気連結器装着後もジャンパ栓を残していたのは10100系と連結するためで、引退後はこれらのジャンパ栓は撤去された。

　話題性のある車両のためさまざまな使われ方がされ、登場直後は車内でファッションショーが開かれたこともある。また、1967年には10103編成を使い、テレビを取り付けて受像試験が行われたが、実用化はされなかった。

　名阪のほか阪伊、名伊、京奈、京橿などで1979年まで活躍し、制御器の一部は30000系に転用され、台車と主電動機は2000系に流用された。

**用語解説　連接車　［れんせつしゃ］**

2車体の連結部分にある1台の台車が2つの車体を支持する構造の車両で、京阪びわこ号60形や小田急ロマンスカー（3000形SE、50000形VSEほか）などで採用された。連結器と台車の数を省略でき、曲線通過時に車端部がせり出すオーバーハングがないため、乗り心地を向上できるのが利点。

# KINTETSU 43

## お召列車にも使用される観光特急 50000系「しまかぜ」

「しまかぜ」は大阪・名古屋と伊勢志摩地区を結ぶ観光特急として登場し、後に京都発着も加わった。これまでの車両と異なり全車特別車で、定員は更新前の「伊勢志摩ライナー」の半分以下とし最高品質の接客設備を提供する。運用は伊勢志摩地区との往復に限られ、間合い運用は行われていない。

ハイデッカー構造の展望車を両先頭車に、爽やかなカラーで統一された観光特急。定員外の空間とはいえ、特急車ではダブルデッカー車が久しぶりに復活した。

### 大阪・名古屋・京都と伊勢志摩を結ぶ観光特急

伊勢神宮で第62回式年遷宮が開催されるのに合わせて、乗ることが楽しみとなる特急車が計画されて50000系が登場した。志摩に吹く風の爽やかさをイメージして「しまかぜ」と命名された。6両固定編成が2本登場し、2013年3月から賢島と大阪難波、近鉄名古屋間で営業運転を開始した。好評なため3本目も登場し、2014年10月から京都発着の列車も設定された。この3本目は少し間をおいて造られたため、細部が異なる。

車体色は白色を基調とし、上側や側帯に水色を配する。また、塗り分け部分などに金帯が入り、高級感がある。両先頭車はハイデッカー構造の展望車両。前面は6枚ガラスで構成され、周囲は黒でまとめられて一体感を示す。中央ガラスは跳ね上げ式で、非常扉として使用できる。「しまかぜ」は3方面を3本で運行し、各方面は検査の都合上、週1日を運休する。

近畿日本鉄道の車両がわかる

本革製の大きな座席が並んだプレミアムシート。1・6号車はハイデッカー構造の展望車でもある。

ダブルデッカー車に設けられたカフェ車両。阪伊・京伊の編成では座席が海側を向き、眺望を楽しめる。

## 久々に復活した2階建て車両

　客室は、1・2・5・6号車は2+1列の本革張りプレミアムシートを配置。電動リクライニング機構やふくらはぎを支える電動レッグレストを備える。背もたれにエアクッションを設置するなど、くつろぎを追求した構造である。座席間隔は1,250mmで、新幹線グリーン車の1,160mmより広い。

　3号車(阪伊・京伊の編成)は2階建てのカフェ車両(上下階ともカフェ)で、座席はすべて海側を向く。2階建てだが定員外の座席のため「vista car」の表記はない。4号車(同)はグループ席車両で、サロン席、和風個室、洋風個室がある。和風個室と洋風個室は個室料金が必要で、3人か4人単位で発売される。

　このように、定員は従来の半分以下にまで減少し、大変ゆとりのある車両となった。乗車には特別料金が必要だが、料金以上の価値を提供する。車両には専属のアテンダント(接客係)が乗務し、カフェでの業務やワゴン販売などを行う。乗車記念証の配布や車内限定のオリジナルグッズの販売など、乗車する特別感を盛り上げる演出が行われている。

　登場時から間合い運用はなく、車庫から始発駅まで回送され、賢島との往復後は再び車庫まで回送されるという特別な運用がされている。最高品質を誇る車両で、近年は「アーバンライナー」に代わり、お召列車を担当している。

### 用語解説　式年遷宮 [しきねんせんぐう]

690年以来1,300年以上続く、伊勢神宮で行われる最大の行事。20年に一度、技能伝承を兼ねて社殿をはじめ全てが造り替えられる。御用材の伐り出しから9年の歳月をかけて行われ、33の祭りと行事が行われる。半数近くが最終年に行われ、多くの参拝客でにぎわう。次回は2033年。

# KINTETSU 44

## 26000系「さくらライナー」
## 23000系「伊勢志摩ライナー」

26000系は南大阪線・吉野線の活性化を目的に登場した特急車。新しいシンボルカーとして「アーバンライナー」同様に社外デザイナーを加えて設計された。23000系は「志摩スペイン村」の誕生に合わせて登場し、私鉄で初めて130km/h運転を実施した。いずれも観光列車で、後に更新工事が行われた。

登場時の26000系は白色を基調に、裾部分が萌黄色のグラデーション、窓まわりは薄墨色で塗装。乗務員室扉の直後から客室となった。

更新工事後の26000系は白色を基調に、裾部が桜色の帯となった。乗務員室の後方はデッキを兼ねた展望室となり、客用扉が設置された。

## 南大阪線・吉野線の看板特急

　26000系「さくらライナー」は、1990年に南大阪線・吉野線用の高品質な特急車として登場した。4両編成が2本落成し、最高速度は110km/hに引き上げられた。21000系似の非貫通の前面や側窓だが、先頭形状の傾斜角は60度とやや緩やかで雰囲気が異なる。全車レギュラー車両で、座席間隔は1,050mmである。

　前面展望のため、運転室との仕切りは透明部品が多く使われ、側窓も大きくなった。側窓の天地寸法は21000系より60mm大きい890mm。車体色は白色を基調に裾部分は萌黄色が6段階に淡くなるグラデーションで、窓まわりは薄墨色である。

　2011年から車体更新され、運転室後部は展望室となり、客用扉が設置された。また、中間車の1両が3列席のデラックス車両に格上げ改造され、レギュラー車両を含めて座席はすべて「ゆりかご型シート」に変更された。車いす対応の座席や多目的トイレの設置などバリアフリー化や、喫煙室の設置なども行われた。

　車内は、デラックス車両では地元・吉野産の木材や和紙がふんだんに使われ、

近畿日本鉄道の車両がわかる

レギュラー車両では桜の花びらをイメージした座席や木目調の壁や床となった。車体色は、白色を基調に裾部が桜色の帯、前面窓まわりが黒色に変更された。

## 「志摩スペイン村」に合わせた明るい特急

　1994年に近鉄が開発した複合リゾート施設「志摩スペイン村」が誕生し、観光客輸送用に23000系「伊勢志摩ライナー」が登場した。6両固定編成でデラックス席、サロン席、ツイン席、レギュラー席の4種類の座席がある。サロンカーの側窓は高さ1,225mm×幅1,700mmの大型曲面ガラスで、編成の中で目立つ。

　走行装置は主電動機に大容量の200kW/hを採用したことで、私鉄初の130km/h運転が可能となった。大阪難波・近鉄名古屋と賢島間で運転が開始され、1996年から京都発着や京都と奈良間にも運転が始まった。

　当初、デラックス車両は賢島を基準として大阪難波発着は大阪難波側、近鉄名古屋発着は近鉄名古屋側の先頭車であったが、2001年から名阪特急にも使用されることとなり、近鉄名古屋発着の編成が方向転換された。2009年に名阪特急の運用を外れ、2014年に名古屋発着の編成は再度方向転換されて元に戻っている。

　2013年に車体更新を実施。内装は木目調化され、バリアフリー化や喫煙室の設置などが行われた。上半分の車体色は、奇数編成は「伊勢志摩の太陽」を表現した赤色、偶数編成は「伊勢志摩の陽射し」を表現した黄色に変更された。

登場時の23000系は、すべての編成が黄色と白色のツートンで、裾はグレー色で塗装され、その上に細い青色の帯を巻いていた。

更新工事後の23000系。一部の編成は赤色に変更された。裾には赤色編成では水色、黄色編成では橙色の太い帯が追加された。

### 用語解説　志摩スペイン村　[しますぺいんむら]

近鉄が主体となり、1994年に開園した伊勢志摩のリゾート施設。施設はテーマパークのパルケエスパーニャ、宿泊施設のホテル志摩スペイン村、温泉のひまわりの湯で構成されている。開園にあたり、志摩線の複線化などの改良工事や23000系が投入されるなど、近鉄の意気込みが感じられる。

# KINTETSU 45

## 3代目ビスタカーは観光輸送を重視
## 30000系「ビスタEX」

10100系「新ビスタカー」が登場以来20年近くなり、後継に登場したのが30000系で「ビスタカーⅢ世」と通称される。2階建て車両の伝統を引き継ぐが、役割が名阪特急から伊勢志摩と各地を結ぶ観光特急に変わったことが大きい。車体更新では2階建て車両が大きく改造され「ビスタEX」となり、現在も活躍中である。

ボギー車の2階建て車両を中間に2両連結し、4両編成となった30000系。近鉄の新しい顔として、伊勢志摩観光の一翼を担った。写真／林 基一

### 10100系を継ぐ新たなシンボル列車

　特急運転が30年を迎えたことと、10100系の代替車として新特急が計画され、2階建て車両の伝統を引き継ぐ30000系が1978年12月に登場した。登場時は「ビスタカーⅢ世」と呼ばれ、30日から営業を開始した。

　車両は4両編成で、中間2両が2階建て車両である。すべて20m級車体で、連接車をやめてボギー車となった。車体や走行機器は12400系を引き継いでいる。中間車の側面には「VISTA CAR」の「V」をアレンジした「Vカットライン」が入った。これはシンボルカーを表すデザインとして21000系登場まで広告や駅の案内表示、『時刻表』では30000系を示す記号として使用された。

　先頭車は初となる下枠交差型パンタグラフを2基搭載し、連結面側は中間車の階上席につながる階段を設置。中間車は中央に客用扉を設け、エントランスホールから各階へ向かう構造とした。階上席は初めて荷物棚と天窓が設けられた。なお、定員の関係から階上の両端の席は固定座席となり、回転できなかった。

近畿日本鉄道の車両がわかる

階上席は緑色の色調で「さわやかな高原」がテーマ、階下席は6人掛け個室で「海のファンタジー」をテーマに伊勢の海を感じる青色中心の配色、先頭車は「くつろぎのサンシャイン」をテーマに橙色の色調でまとめられた。

## 車両の上半分を造り替える大改造

1996年に「ビスタカーの魅力の再発見」をコンセプトに車体更新が行われ、「ビスタEX」として再登場した。先頭車は運転室側のパンタグラフが撤去されて連結の制限が解消された。中間車は上部全体を撤去し、天井の高い新形状の構体が接合される大規模な改造が行われた。階上席は大型曲面ガラスを使用した連続窓となり、固定席の座席を撤去。座席はバケットタイプに交換され、座席間隔は1,000mmに広げられた。また、階上席の床面が嵩上げされて、中央出入り口付近との段差を解消。加えて先頭車は、中間車との連結部にある階段が一段追加された。

車体色は窓まわりの濃青が窓下へ帯となって移り、帯の上に白線が追加された。「Vカットライン」は先頭車に移って小さくなり、上側に志摩スペイン村のキャラクターが描かれた。また、階下部分は白色に塗り分けられた。

2010年から2度目の車体更新が行われ、階下席を除いてゆりかご型シートに交換され、階下席はグループ専用席に改造された。2016年から白色を基調に黄色と金色の線に加えた塗装となり、大きな「Vカットライン」が復活している。

中間車の上半分を造り替える大改造を受け、新たに「ビスタEX」となった30000系。先頭車の車体色は、登場時の塗色に白色の帯が加わった。写真/林 基一

2010年に小改造が加えられ、前面の表示器もLED式になった。2016年には塗装変更が行われ、近鉄特急網の一翼を担う。

### 用語解説

**12月**　[じゅうにがつ]

伊勢方面の輸送が目的の車両は年末に登場するのが通例で、観光特急の証でもあった。伊勢神宮の参拝客輸送用に、年末から正月にかけて運転される臨時特急「越年号」などの運転に合わせ、30000系までは年末に登場していた。なお、12000系などの名阪用の特急車は3月に登場していた。

# KINTETSU 46

## 京都・橿原線の観光輸送に活躍 18200系／18400系

京都・橿原線の架線電圧は1969年まで600Vで、八木で接続する大阪線と異なっていた。また、橿原線の複線軌道は中心間隔が狭く、建築限界も小さいため、車体の最大寸法は幅2,670mm、高さ3,900mmに制限された。そのため京都と宇治山田を結ぶ観光特急として登場した18200系は、狭小限界で複電圧の車両となった。

大和八木に入線する18200系。直線的な断面に加え、尾灯・種別灯が横長のケースに収まり、角張った形になった。写真／辻阪昭浩

### 複電圧仕様にして宇治山田を直結

　奈良電気鉄道は1963年10月に近鉄京都線となった。翌64年10月の東海道新幹線開業に合わせて、京都と橿原神宮前や奈良を結ぶ有料特急が設定された。さらに京都と宇治山田を直接結ぶ計画が立てられ、2両編成の18200系が投入された。1966年12月に運転を開始し、翌67年までに5本が登場した。

　600Vと1500Vの両区間を走行できる複電圧車で、モ＋クで11400系並みの運転性能を確保するため、180kW/hの大出力主電動機が採用された。ダイヤフラム型空気バネ台車も採用され、以降の特急車の基本仕様となった。車体長は18mで、車体幅と高さは橿原線の狭小規格とされた。また、奈良電の伝統に従い、京都側からク＋モで、パンタグラフは2両ともが奈良側に1基ずつ搭載された。

　座席は転換クロスシートで、前面は貫通扉に特急エンブレムを掲げ、窓下には

近畿日本鉄道の車両がわかる

平行四辺形の行先・列車種別表示枠が設けられた。運転開始当初は八木西口でスイッチバックし、大阪線に入線する直前で電圧を切り替えていた。

1967年12月に新ノ口と大阪線大和八木を結ぶ新ノ口連絡線が完成し、以降は京都と伊勢方面の直通特急はこの連絡線を使用している。1989年まで活躍し、全車が団体専用車「あおぞらⅡ」に改造された。

## 供食設備を備えた「ミニスナックカー」

18400系は、18200系の増備車として1969年3月に2両編成2本が登場した。編成は京都側からモ＋クとなり、パンタグラフは2両とも京都側に1基ずつ搭載された（18200系と連結するときは、**パンタグラフ近接**による架線事故を防ぐため必ず京都側に連結された）。1969年9月に昇圧されるまでは600V区間のみで使用された。車体は12200系と同じ20m車体となり、スナックコーナーも設置されたため「ミニスナックカー」と呼ばれた。ただし「スナックコーナー」は名阪ノンストップのみで使用されるため、多くが車販準備室として使用された。

車体幅と高さは橿原線の狭小規格だが、12200系と同レベルの座席が装備され、回転時に中心が通路寄りに移動する、偏心回転リクライニングシートを採用。3本目以降は1,500V専用車として落成し、9・10本目はスナックコーナーが省略され、乗務員扉の直後に客用扉が設置された。

1977年に4～7本目のスナックコーナーを撤去のうえ、撤去跡に座席を2列設置。1983年には1～3本目のスナックコーナーも撤去され、客用扉が移設されて座席が1列設置された。2000年まで活躍し、一部の主制御器は30000系に流用された。また、9本目は1997年に「あおぞらⅡ」に転用され、2013年まで活躍した。

18200系を継承した狭小規格で造られた18400系。乗務員室後部の壁面部分にスナックコーナーを設ける。写真は更新前。写真／林 基一

**用語解説　パンタグラフ近接**
[ぱんたぐらふきんせつ]

パンタグラフは架線を押し上げて集電を行っているが、パンタグラフの間隔が近いと走行中にパンタグラフと架線の間に隙間が生じて架線が溶断する可能性がある。そのため、ある程度の間隔を保つ必要があり、運転台上にパンタグラフのある車両同士の併結には連結位置が決められていた。

# KINTETSU 47

## 近鉄の象徴、世界初の2階建て電車 10000系「ビスタカー」

10000系は初代の「ビスタカー」で、世界初の2階建て電車である。完全空調システムなどの試みを取り入れ、後の鉄道車両に技術が引き継がれている。試作車として7両編成1本のみが登場し、翌年に登場する10100系の設計に影響を与えた。活躍期間は13年と近鉄特急車の中で最も短かった。

### 連接構造と2階建てを組み合わせた意欲作

　10000系は大阪と宇治山田を結ぶ特急車で、近鉄初の新性能特急車として1958年6月に登場した。2両+3両+2両のユニットを合わせた7両編成で、各ユニットを組み合わせて編成が組まれた。両側の2両ユニットはボギー構造の電動車で、片側に非貫通型の運転台がある。中央の3両ユニットは連接構造の2階建て車両付きの付随車で、ユニットの両側に貫通型の運転台がある。また、電動車ユニットにク10500形を2両連結して4両編成で運転されたこともあった。

　先頭電動車は空気関係の機器類や2両分の空調機器を持ち、相手車両へはたわみ風道で冷風を送っていた。中間電動車は電気関係の機器類を持ち、近鉄で初めてパンタグラフを2基搭載した。先頭電動車は2枚窓の流線形で、運転台は高床式である。前面の窓下には特急の標識板が掲げられ、裏にはトンネル内で使用する無線用の垂直アンテナが収められていた。通常使用する平行アンテナは運転台後方の屋上に設置されていた。

濃青色を基調に、窓まわりを橙色で塗装した初期塗色。電動車ユニットの先頭車は高運転台だった。特急の標識板の裏には無線アンテナが収められていた。写真／辻阪昭浩

近畿日本鉄道の車両がわかる

　3両の付随車は両端の2両が2階式展望室車両で、側面には「VISTA CAR」と表記された。2階建ての空間を確保するために、3両分の機器類は中央の平床車に集められ、トイレも設けられた。しかし、トイレはタンク化が困難なため、後年は隣の制御車の運転台を撤去してトイレとし、付随車化された。

## 10100系の登場後に塗色変更

　側窓は二重ガラスの固定窓で防音性を高めた。平床車や階下席では視野を広くするためにほとんどの座席で1,500mmの広窓が配置された。なお、階上席（ドーム室）は座席ごとの独立窓であった。固定窓のため空調機器が設けられたが、故障に備えて何枚かの窓は開閉可能であった。また、階上席は真夏に冷房が効きにくいため、後年、空調機器が追加された。

　座席は回転クロスシートで、階上席は眺望を楽しむため背もたれの低い座席とし、進行方向に対して10度外向きに配置された。客用扉は電動車が戸袋不要の4枚折戸、付随車が1枚引き戸であった。

　台車は特急用で初のベローズ型空気バネを採用し、日本の鉄道では初のディスクブレーキも採用された。車体色は濃青色を基調とし、窓まわりが橙色となり、22600系までの色調となった。ただし10100系の登場後、10100系と同じ塗り分けに変更された。

　なお、1966年に衝突事故があり、宇治山田側の前面は非貫通型から18200系に似た貫通型に改造され、客用扉は2枚折戸となった。1971年5月まで活躍し、電気部品などは通勤車に流用された。

橙色を基調に、濃青色を窓まわりに配した塗色変更後の10000系。写真は奥に動力車のユニット、手前側に2階建て車を2両含む付随車のユニットを後ろに連結した編成。写真／辻阪昭浩

### 用語解説：たわみ風道［たわみふうどう］

連結した車両間には人が安全に移動できるよう、通路を覆う貫通幌が設けられている。同じ理屈で、冷却された空気を隣の車両に供給するために設けられた、空気の通路（風道）である。貫通幌と同様に車両同士の前後左右の動きに対応できるよう、空気の通路にたわみが設けられている。

# KINTETSU 48

## 広大な路線網を支える汎用特急
## 22000系・16400系／22600系・16600系

22000系は次世代の汎用特急として、時代の要求である省エネルギー、省メンテナンスなどの条件を満たし、130km/h運転を可能とした車両で、車体形状・走行性能・車内設備のすべてが一新された。この改良版が22600系である。また、それぞれの南大阪線・吉野線仕様車が16400系、16600系である。

近鉄の特急網を支える汎用特急用として登場した22000系ACE。現在はすべて写真の新塗色に変更された。

### VVVFインバータ制御の次世代汎用特急

　10400系（エースカー）・11400系（新エースカー）の代替車として、1990年に22000系ACE（エー・シー・イー）が登場した。全電動車で2両編成と4両編成がある。車体断面が変更されて天井が高くなり、車内は広くなった。側窓は連続窓で、客用扉はプラグドアとなった。貫通型運転台の前面は連結・解放時に自動開閉する幌カバーが設置された。また、左右の正面窓は大型曲面ガラスとなり、ガラス内に前照灯と標識灯、行先表示器が収められた。座席は回転リクライニングシートで、折り返し駅では電動で回転でき、座席転換作業が省力化された。

　走行機器では特急車で初めてVVVFインバータ制御装置を採用。主電動機は省メンテナンスの交流モータとなり、軽量で省メンテナンスのボルスタレス台車も採用された。主電動機の小型化で、動力台車にもブレーキ力の強いディスクブレーキが装備され、130km/h運転時のブレーキ力が確保された。

　2015年から車体更新され、バリアフリー化やACコンセント付きの座席に交換された。定員は22600系に合わせて減少したが、座席間隔は同じで、空いた

近畿日本鉄道の車両がわかる

場所は荷物置場などに転用された。喫煙室も設けられ、側窓の形状は変更された。

1996年に南大阪線・吉野線仕様車の16400系が2両編成で登場した。Mc＋Tcの編成で、VVVFインバータの素子が近鉄初のIGBTに変更された。主電動機は160kW/hと強化され、120km/h運転が可能な性能を持つ。2015年に車体更新され、喫煙室の設置などが行われた。

## 座席を改良し、より快適になった改良型

12200系の代替車として、22600系が2009年に登場した。22000系の改良車で、21020系を基本としている。汎用特急の役割を持ち、愛称は「Ace（エース）」。2両編成と4両編成があり、一部は阪神電鉄の神戸三宮まで乗り入れられる。

車体は前面窓上下の黒塗部分が大きくなり、標識灯・尾灯が台枠の下側に設置されて前面の印象が変わった。側窓は天地方向に拡大され、眺望はさらによくなった。座席はACコンセント付きの改良型ゆりかご式リクライニングシートとなり、座席間隔は1050mmに広がった。機器類ではパンタグラフがシングルアームとなり、走行機器では主電動機が230kW/hに強化され、MT比が1：1に変更された。VVVFインバータの素子はIGBTに変更された。

2010年に南大阪線・吉野線仕様車、16600系が2両編成で登場した。こちらもパンタグラフはシングルアームとなり、主電動機は185kW/hに強化された。

これらの車両は汎用特急の主力として、多くの路線で活躍中である。

22000系よりも丸い前面になった22600系Ace。写真は旧塗色時代の2両編成と30000系の併結列車。

塗色変更後の22600系。22000系と比べ丸みが増し、種別灯が車体からスカートとの間に変更されたのが分かる。

### 用語解説：VVVFインバータ［ぶいぶいぶいえふいんばーた］

インバータは交流モータを制御するため、直流を交流に変換する装置である。VVVFは可変電圧（Variable Voltage）・可変周波数（Variable Frequency）の略称で、変換された三相交流の電圧や周波数を制御して交流モータの回転数を制御する。この開発で交流モータの利用が広がった。

115

# KINTETSU 49

## 各線で使用される汎用特急車 12400系／12410系／12600系・16010系

12400系は12200系「スナックカー」の改良版で、30000系の構想が進む中で設計されたため類似点が多い。また、細部の設計変更の度に12410系、12600系と形式が変更され、南大阪線・吉野線用には16010系が登場した。22000系が登場するまで、汎用特急として改良を加えながら数編成ずつ増備が続けられた。

### 1970年代後半の標準仕様となる特急車

　12400系は、老朽化が進んだ10100系の代替車両として1977年に登場した。走行機器は12200系と同じで、車体や内装が改良された。また、4両編成単位で車販準備室やトイレなどが合理的に配置され、客用扉はクが2カ所、ほかは1カ所となった。前面は貫通扉に特急マークと電動式の行先表示器が上下に並び、左右の腰部には標識灯2灯と尾灯を横一列に並べて配置。前面の塗り分け線は行先表示器の上下寸法に合わせた帯に変更された。

　屋上のクーラーキセは連続タイプとなり、近鉄特急で初めて全車両にデッキが設けられ、仕切扉が設けられた。これによりク12400形はク12200形の定員と客用扉の数は同じだが、車体長が300mm長くなった。車内は明るい色調となり、客室側の左右の妻面に「奈良大和路」と「伊勢志摩」のイラストが描かれた。

　製造当初は12200系となる予定だったが、監督官庁からの指示で形式が変更された。なお、認可が遅れた場合に備え、12400系の番号の上に変更前の12200系の番号を表示する板が用意されていた。

旧塗色時代の12400系。標識灯2灯と尾灯が横一列に並んだ灯化類が特徴。写真の編成は行先表示器がLEDに改造されている。

116

近畿日本鉄道の車両がわかる

## 改良増備車は形式名を変更

12410系は名阪ノンストップ用として1980年に3両編成で登場。車体割付の変更で、先頭車モだけ車体長が300mm長くなった。1981年に中間車サを加えた4両固定編成が登場し、同時に3両編成の増結用中間車のサも登場した。12410系は3両編成が前提のため中間車サの床下機器は少なく、重心を下げるため空調設備の多くが床下に収められた。

塗色変更後の12410系。サは空調機器を下に搭載したため、2両目の車両の床下側面にはダクトが見える。

12600系は、京都・橿原線用に1982年に登場した。4両固定編成で、先頭車モの車体長だけが300mm長い。床下機器の重量配分や定員が均等化され、空調設備はすべて屋上搭載型に戻った。トイレ・洗面所が新しいデザインに変更された。

1988年から3形式とも120km/h運転対応工事が行われ、ブレーキ装置を改造。車体更新は1997年と2009年の2度行われ、2015年からは喫煙室が設置された。

1981年、南大阪線・吉野線特急用に16000系の増備車16010系が登場した。車体は12400系以降に準ずるが、前面の塗り分けや走行機器は16000系と同様である。座席は10100系から転用した回転シートだが、1997年に11400系の改装で発生した回転リクライニングシートに交換された。2001年の車体更新で、デッキの設置や一部の客用扉の拡幅など大規模な改造を実施。2014年の車体更新では荷物置場や喫煙室が設置された。

狭軌線である南大阪線・吉野線の特急用に投入された16010系。現在は写真の新塗色をまとっている。

2016年から特急車の新塗装化が行われ、4形式とも全車が活躍中である。

---

**用語解説**　標識灯　[ひょうしきとう]

列車の種別を遠方から視認できるように、車両の妻面に設置された灯火である。近鉄では妻面の左右に尾灯とは別に設けており、点灯色は黄色である。普通は2灯とも無点灯、準急は向かって左下、急行は右下を点灯する。快速急行、特急、回送などは2灯とも点灯する。

117

# KINTETSU 50

## 自在な編成が可能なエースカー
## 10400系／11400系／16000系

10400系と改良版の11400系は、旧性能車で運転されていた標準軌間の特急車両の置き換え用に登場した高性能車である。南大阪線・吉野線用の16000系は定期列車の特急運転開始用に登場した。

4両編成で運転される10400系「エースカー」。モ＋モの手前側にクが2両重なった編成がわかる。写真は1974年の更新工事直前で、車掌側の大きな窓や冷房強化前の屋根など、原形の特徴を示している。写真／林 基一

### 2両から4両まで自在な編成を実現

　10000系、10100系が登場した当時、他の特急車両は吊掛駆動式の旧性能車であった。そこで、旧性能車の置き換え用に新性能車の平床式汎用特急が計画され、1961年に10400系が4両編成で2本登場した。2両固定編成の制御電動車に、大阪側へ増結用制御車を最大で2両連結可能。編成の両数を自在に変えられる便利さから、トランプの「A」にちなみ「エースカー」と呼ばれた。

　前面は10100系の貫通形と同じで、客用扉は各車2カ所設けられた。座席間隔は10100系の回転シート車と同じ920mmで、窓は固定窓だが空調の不調時に備えて一部は開閉できた。空調設備は集中型で、制御車と空気関係機器を集めた電動車に設けられた。空調設備のない電動車へは風道を通して冷風を送った。

　1967年に主電動機が11400系と同出力に強化され、台車ごと交換された。1974年からの更新工事で空調装置が分散式となり、4両固定編成化された。この際に前面窓の高さが左右でそろえられたが、中間車となった旧運転台の車掌側の大窓は残された。改造後は名伊特急に充当され、1992年まで活躍した。

近畿日本鉄道の車両がわかる

## 快適さを増した改良型「新エースカー」

　残った旧性能車の置き換え用に1963年に登場したのが、改良増備車の11400系「新エースカー」である。主電動機は125kW/hから145kW/hに強化され、座席間隔は950mmに広がった。空調設備は細かな調整が可能な分散型となり、前面の車掌側の窓は運転台側と同じ高さとなった。1965年までに2両ユニット電動車が15本、増結用制御車12両が登場した。

　1969年には全編成の3両編成化用に増結用制御車が3両製造された。この3両は12200系を基本とし、客用扉は1カ所で座席間隔は980mmに広がり、座席はリクライニングシートとなった。1980年から3両固定編成化され、全座席がリクライニングシート化された。中間車は運転台が撤去され、連結面側の客用扉は撤去されて座席が増設された。また、前面と側面に自動行先表示器が設置されるなどの改造が行われ、1997年まで活躍した。

　1964年の東海道新幹線開業以来、新幹線との接続駅から有料特急を利用してもらうためのネットワーク化が進められ、1965年に南大阪線・吉野線用として16000系が登場した。車体は11400系が基本だが、裾部の車体断面は曲線となっている。走行機器は6000系を基本とし、この路線では初めて電気制動と抑速制動が付いた。1977年までに2両固定編成8本、4両固定編成1本がそろった。1985年から車体更新が2度行われ、一部の客用扉の撤去や拡幅化が行われた。近年は新特急色化され、1本を除き喫煙室が設置されて4本が活躍中である。なお、一部は大井川鐵道に譲渡された。

南大阪線・吉野線用に狭軌で製造された16000系。写真は登場間もない1967年、橿原神宮前に停車中の姿。新塗色に変更されて、現在も一部が活躍を続ける。写真／辻阪昭浩

**用語解説**

**A**
[えーす]

トランプのポーカーゲームでは、連続した数字を作るために13(K)と2をつなげるA(エース)の役割が大きい。「エースカー」はこの役割を列車に見立てて付けられた愛称で、全電動車の2両固定編成を基本に、乗客の多寡に応じて制御車を2両まで増結でき、自由に編成を組める。

# KINTETSU 51

## ビスタカー登場以前の特急車
## モ5820形／680系／18000系

特別料金が必要な特急用車両は終戦直後を除き、新製車両が充当されていた。1960年代に入り、格上げ改造して特急にふさわしい接客設備を備えたモ5820形や680系が登場した。また、680系の増備車として、車体を新造して旧性能車から流用した走行機器を組み合わせた18000系が登場した。

### 荷物合造車から特急用へ二転三転

　1960年1月末に吉野線の信号保安方式がタブレット閉塞方式から単線自動閉塞方式に改良された。そして、2月に**快速「かもしか」**号用として登場したのがモ5820形である。翌61年9月に特別料金不要の臨時特急となった。

　この車両は、元々は伊勢電モハニ231形として1930年に登場。近鉄合併後はモニ6231形となり、名古屋線で活躍した。その後、1959年にモ6441形へ走行機器を提供し、旧吉野鉄道の木造車から制御器や台車などを転用して制御車となり、クニ5421形となった。1959年の名古屋線改軌後はモ6441形の台車を再び履き、南大阪・吉野線に転属し、廃車となった南大阪線用モ5621形の走行機器を組み合わせてモ5820形（MM'ユニットの2両編成×2本）に格上げ改造された。車内は荷物室を撤去して全席転換クロスシート化。伊勢電出身の車両には乗務員扉がなかったため、この時に初めて設置された。車体色は特急車と同じ濃青色と橙色となった。16000系登場後も団体用や臨時の有料特急のほか、急行・普通にも使用され、有料特急に使用するときは枕カバーの取り付けなどが行われた。

　1970年に養老線へ転属し、当初は特急色のまま使用された。後にマルーンに塗色変更され、1983年まで活躍した。

当時の優等列車用らしい側面をしたモ5820形「かもしか」。車体色は10100系と同様に上が橙色、下が濃青色のツートンである。写真／辻阪昭浩

近畿日本鉄道の車両がわかる

## 京都線・橿原線向けの格上げ特急車

　1964年の東海道新幹線開業に合わせて京都〜橿原神宮前間に特別料金を必要とする特急車680系が登場した。本列車用に旧奈良電デハボ1200形と、電装解除された旧奈良電デハボ1350形が格上げ改造され、冷房化、固定窓化、転換クロスシート化、車体色の特急色化などが施された。2両編成が2本登場し、1974年に名古屋線へ、1975年には一般色化されて志摩線に移った。冷房装置は最後まで残され、1987年まで活躍した。

　本編成と同時に予備編成としてモ683＋ク583＋モ684が用意された。旧奈良電デハボ1350形1両とクハボ600形2両を改造した非冷房車だったが、車体色は特急色とされた。1969年の昇圧改造でモ684が中間車化されてモ683とMM'でユニット化され、ク583は先頭車となった。「予備特」として使用された後、1972年に格下げられて一般色化された。1976年にモ683以外は活躍を終え、モは電装解除されて鮮魚列車として1989年まで使用された。

　1965年に680系の増発用に2両編成の18000系が1本登場した。車体長は18m級で車体幅と高さは橿原線の狭小規格に合わせた転換クロスシート車である。走行機器は600系の機器を転用した吊掛駆動方式である。1966年に1本増備され、台車はコイルバネから空気バネに変更された。他系列の特急車と連結できず、2両または4両編成で京都〜橿原神宮前間、京都〜奈良間で1982年まで活躍した。

特急色をまとうが、旧型車ならではの細身の車体で、側面にはサイドシルが残る680系。西大寺　1970年撮影　写真／林 基一

やや小ぶりだが、特急らしい外観の18000系。写真の列車は「京都」の行先を掲げる。郡山〜九条間　1979年撮影　写真／林 基一

### 用語解説　快速「かもしか」
[かいそくかもしか]

阿部野橋と吉野を結ぶ快速として1959年に登場。車両はモ5601形を鋼体化改造したロングシート車のモ5800形が充当され、1日1往復が運転された。翌年に車両を転換クロスシート車のモ5820形に置き換え。1961年に種別が特急料金不要の特急となり、標識板は四角から円形に変更された。

121

# KINTETSU 52

## ダブルデッカーの団体専用車 20100系「あおぞら」／20000系「楽」

近鉄初の団体専用車は1962年に登場した20100系「あおぞら」で、全2階式の修学旅行専用電車として活躍した。1990年には「あおぞら」とコンセプトが異なる「快適さを追求した」団体専用車20000系「楽」が登場した。こちらは2020年にリニューアルされ、車体色も内装も一新されている。

### 全2階式で座席を増やした団体用電車

　団塊の世代が修学旅行を実施する頃となる1959年に、国鉄で修学旅行用電車**155系**が登場して好評を博した。沿線に奈良・京都などの観光地を有する近鉄では、効率的な輸送を目的に20100系が1962年に登場した。ビスタカー、新ビスタカーの経験を生かした全2階式とし、座席人員を最大とするために2＋3人掛けとした。車体長は全車20mとし、連接車ではなくボギー車となった。3両編成が5本登場し、通常は2本を連結して6両編成で運用された。

　両先頭車は電動車で階上室と階下室が設けられ、制御機器類は中間車に集められた。中間車はパンタグラフを2基搭載し、座席は階上席のみ設けられた。階下は機器室で、トイレは機器室横にある。中間車は電動車のように見えるが、台車は主電動機がないため付随車である。

　運転室側の車端部は車掌側に引率者席、運転士側には引き出すとベッドになる座席と看護用補助席がある。ほかにも団体用の特殊な設備が設けられた。名称の「あおぞら」は公募で決まり、臨時特急「迎春号」などにも使用された。また、橿原線などが600Vの時代は複電圧車であった。非冷房車のため更新されず、1989年から「あおぞらⅡ」や「楽」に役目を譲り、1994年に最後の1編成が引退した。

20100系「あおぞら」は、両先頭車をダブルデッカー車、中間車をハイデッカー構造とした3両編成。ビスタカーの一員ではあるが、特急用とは異なる配色だった。

近畿日本鉄道の車両がわかる

## 需要の変化に対応し上質さを向上

　団体輸送需要が「量から質へ」と変化するのに合わせ、質の高いデザインを導入した団体専用列車の20000系が1990年に登場した。愛称は「楽」で、「RAKU」は快適な走りと非日常空間の演出を目指す4つのコンセプトの頭文字でもある。「あおぞら」の流れを汲んだ4両編成が1本登場し、走行機器や性能は30000系「ビスタカーⅢ世」とほぼ同じである。

　先頭車は階下室を持つ2階建てで、側面には「VISTA CAR」のマークが入る。中間車は2両とも階上席のみでマークは入っておらず、パンタグラフを搭載した電動車である。車体色は上半分が黄色、下半分が白色を基調としている。

20100系の後継となる20000系「楽」では、ダブルデッカー車は両先頭車に設けられ、「VISTA CAR」マークも入れられた。

2020年にリニューアル改造された20000系「楽」。旅行需要の変化に応えて上質さをさらに高め、漆メタリックの重厚感ある車体色になった。

　車体断面は車両限界近くまで大きく取り、側窓は屋根の肩部分まで広がり、広い車内空間と見晴らしのよい展望が楽しめる。また、前面展望も楽しめるよう、先頭部の階上席は階段状に座席を配置。前面窓は天井近くまで大型ガラスが広がり、運転室仕切は上半分、扉は全体が透明な強化ガラスである。運転台には天窓があり、明るい展望席となっている。

　リニューアル工事で外観は漆メタリックを基調とし、沿線5地域の魅力を表現したデザインとなった。車内は階下席と展望席がフリースペースとなり、座席に大型テーブルが設けられ、定員が4割近く減少した。

---

**用語解説**　**155系**　[155けい]

中学生を対象にした国鉄の修学旅行専用電車。製造費用を抑えて多くの人を運べるよう、急行形電車を基本としつつ台車はコイルバネとし、座席は2＋3人掛けとして席数を増やした。関東と関西で登場し、後に中京圏向けに似た仕様の159系も登場。新幹線に役割を譲るまで活躍した。

123

# KINTETSU 53

## 特急車を改造した団体専用車 18200系／18400系／15200系／15400系

冷房改造が困難な「あおぞら」の後継車両には、特急車が転用された。1989年から18200系や18400系が「あおぞらⅡ」として改造され、2005年からは12200系を「あおぞらⅡ」に改造した15200系が使用されている。また15400系の「かぎろひ」は近鉄系旅行会社の団体専用車として2011年に12200系から改造された。

白地に水色の帯を配した団体専用車の15200系「あおぞらⅡ」。写真は12200系を改造した車両の2両＋4両編成で、両編成ともにすでに引退している。

### 引退した特急車を活用した「あおぞらⅡ」

　団体専用列車20100系の後継車両として、1989年に18200系が「あおぞらⅡ」に改造された。車体更新も行われ、18200系の最初の4両は運転台が撤去されて中間車化され、4両編成2本と2両編成1本に変更された。運転台跡はイベントコーナーと荷物置場となり、車端部には速度計や音響設備、大型モニターを設置。モニターには運転台カメラで撮影した前面展望やイベントコーナーの様子を映すことができた。また、記念スタンプ台も設けられた。前面は標識灯のLED化や貫通扉の幌カバーが設置され、運転台の窓下に「あおぞらⅡ」のシンボルマークが描かれた。塗り分けは20100系と似た形状となり、車体色は白を基調として窓まわりと裾部は水色である。

　1997年に「あおぞらⅡ」の予備車として18400系を改造した2両編成1本が登場。特急標識と行先表示装置は撤去され、塗色は「あおぞらⅡ」と同じだが、シンボルマークは省略された。車体更新はされず、車内は特急時代のまま使用された。

近畿日本鉄道の車両がわかる

　2005年に18200系の置き換え用に、12200系を改造した15200系「あおぞらⅡ」が4両編成2本と2両編成1本で登場した。行先表示器は撤去され、運転台の窓下に「あおぞらⅡ」のシンボルマークが描かれた。これにより18200系は活躍を終え、「あおぞらⅡ」は全車20m車となった。また、団体用車両の運転最高速度は120km/hに引き上げられた。

　2013年には18400系の代替として15200系の第4編成が登場。これにより「あおぞらⅡ」は全車15200系となった。第4編成以降は行先表示器が引き続き使用され、シンボルマークは省略された。2021年に12200系が特急運用から引退すると、座席の古い15200系は、座席の新しい12200系を改造した15200系に置き換え。柔軟に運用するため、第7編成以降の15200系は2両編成のみとなった。

## 旅行会社専用のツアー列車

　15400系は近鉄系旅行会社「クラブツーリズム」が主催するツアーに使用される専用列車で、12200系を改造した2両編成が2本登場した。車体色はクラブツーリズムが首都圏で運行するバスのデザインに合わせて濃緑色を基調とし、金色の細帯が側窓の上下に入る。行先表示器には「クラブツーリズム」と表示されていたが、現在は「かぎろひ」と表示されている。「かぎろひ」の愛称は公募で決められ、朝日の美しい空を表す古語で、荘厳な趣を感じさせる。

　客室は音響設備が搭載されるなど改修され、カーペット敷きとなった。定員はバスに合わせて減らされ、車端部の座席は撤去されて荷物置場やイベントスペースなどに利用されている。

　このように元12200系が使われ続けているのは主電動機などの故障が少ないからである。

12200系を改造した15400系「かぎろひ」。「あおぞらⅡ」とは一転し、大人のツアー列車にふさわしいシックな塗色をまとう。

---

**用語解説**　クラブツーリズム　[くらぶつーりずむ]

近鉄のグループ会社、近畿日本ツーリスト渋谷営業所で誕生した旅行会社である。旅の通信販売「旅の友ニュース」（現・「旅の友」）を初めて手掛け、2004年に新会社として発足した。現在はさらに宇宙を含めた旅行やカルチャー教室、介護事業など、幅広いサービスを提供している。

# KINTETSU 54

## 通勤車1（鋼製・狭幅車体）
## 6800系／1480系／2610系／2800系など

この項目は、6800系「ラビットカー」をはじめとする、裾部が絞られていない狭幅車体の鋼製通勤車である。前照灯は2灯で、両開きの客用扉は片側に4カ所ある。車体は20m級で、中間車の側窓は左右非対称の配置である。奈良線用3200系が登場するまで、通勤車の標準型車体であった。

### 片側4扉の新しい高性能電車

　狭幅車体の車両は大阪線・名古屋線系統および南大阪線系統で使用され、形式は車体の形状や主電動機の出力、使用線区などで多岐にわたる（表参照）。片側4扉の高性能車両で、先頭車の車体割付を確立したのは1959年頃に登場した大阪線用1470系、名古屋線用1600系である。中間車は1961年に1480系で初めて登場。車体割付は左右対称で、先頭車と車体長をそろえるために戸袋の幅が先頭車より広いのが特徴である。中間車の車体割付が確立したのは1966年に登場した南大阪線用6900系増備車で、先頭車の戸袋と同じ幅となり、片側の車端部の窓は扉間と同じ広幅となった。そのため、車体割付は左右非対称となった。

　通風機器の変化も特徴である。まず、近鉄特有の押込式吸出兼用の通風器（通称・かまぼこ形通風器）と強力排気扇を備えて登場し、1960年頃に登場した大阪線用1480系、名古屋線用1600系、南大阪線用6800系2次車から通風器のみとなった。

　1968年に登場した大阪線用2410系、名古屋線用1810系、南大阪線用6020系からはラインデリアが装備され、車体全長にわたり有圧換気を行うラインフローファンを搭載。屋根は120mm低く、平らになった。1971年に登場した大阪線用の2680系から冷房装置が新製で装備された。

高加減速性能から「ラビットカー」の愛称が付けられた南大阪線の6800系。車体色はオレンジバーミリオン地に白色の帯を巻く。通風器は近鉄特有の通称・かまぼこ形通風器を搭載する。写真／辻阪昭浩

現在も活躍中の2410系。写真の先頭車は、制御車のク2510形。通風器はラインデリアで落成し、冷房化改造されている。

近畿日本鉄道の車両がわかる

## 主電動機の改良で効率も向上

　主電動機の出力が90kW/hまでは全電動車方式のMM'ユニットであったが、125kW/hが開発されると、名古屋線用1600系は編成のMT比率が1：1となった。大阪線用1480系はMM'ユニットにTc1両を加えた3両固定編成で国分以東の山越えが可能となり、国分以西では大阪側にTcを連結して4両編成で運用された。

　155kW/hの主電動機を搭載した大阪線用2400系からは、MT編成で山越えが可能に。名古屋線用1800系もMT編成で、さらに名古屋側にTcの連結が可能となった。以降は大阪線、名古屋線用の主電動機は155kW/hで増備された。

　南大阪線用6800系は90kW/hの全電動車方式のMM'ユニットで、増結車は1M方式の単独M車が1両単位で増結された。その後、135kW/hが開発されて、6900系はMM'ユニットだがTcを2両まで増結できるようになった。中間電動機にTcを連結した3両固定編成やTを加えた4両固定編成も登場した。以降の南大阪線用の主電動機は135kW/hで増備された。

### ●鋼製・狭幅車体の新製車（大阪線・名古屋線）

| 登場年 | 主電動機 | 形式（大阪線） | 形式（名古屋線） |
|---|---|---|---|
| 1959年 | 75kW/h | 1470系 McMc' | |
| 1959年 | 125kW/h | | 1600系 バーニア制御 McTc、Mc+Tc 両方増結車 |
| 1961年 | | 1480系 Mc'MTc+Tc | |
| 1966年 | | 2400系 McTc | 1800系 多段式制御 McTc+Tc |
| 1967年 | | | 1810系 ラインデリア McTc、McTTc（現：McTcのみ） |
| 1968年 | | 2410系 ラインデリア McTc+Tc | |
| | | 2470系 Mc'MTc（125kW/h 新性能車流用） | |
| 1970年 | 155kW/h | 2600系 クロスシート McTMTc、McTc | |
| 1971年 | | 2430系（2410系に中間M車組込。現：McTMTcのみ） | 2680系 新製冷房（125kW/h 新性能車流用）クロスシート TcMTc |
| 1972年 | | 2610系 新製冷房、改良版クロスシート McTMTc | 1000系（150kW/h 旧型車流用）McTc、McTMTc |
| | | 2800系 新製冷房 McTc、McMTc、McTMTc | 1200系 新製冷房（150kW/h 旧型車流用）McTMTc |
| 1979年 | | | 2000系 新製冷房（132kW/h 新性能車流用）TcMTc |

完全新製車　主電動機流用車

### ●鋼製・狭幅車体の新製車（南大阪線）

| 南大阪線 | 主電動機 | 形式 |
|---|---|---|
| 1957年 | 90kW/h | 6800系 McMc' または 単独Mc 全電動車方式 |
| 1963年 | 135kW/h | 6900(6000)系 McMc' + Tc + Tc または McM'TcTc |
| 1968年 | | 6020系 ラインデリア McM'Tc または McM'TTc |
| 1974年 | | 6200系 新製冷房 Mc'McTTc |

---

**用語解説**
**ラインデリア**
［らいんでりあ］

屋上のスリットから取り入れた新鮮な外気を、車内に均等に送るための有圧換気装置。混雑時の換気方法として開発され、取り込まれた空気は側窓の上部から排気される仕組みである。よく使用される「ラインデリア」は三菱電機の商品名で、一般名称は「ラインフローファン」である。

# KINTETSU 55

## 通勤車2（鋼製・新造車体、機器流用車）
## 6441系／2470系／1200系／2680系など

鉄道車両は車体よりも台車や床下機器などの寿命が長いことが多い。近鉄では活躍を終えた車両の機器類と新造した車体を、または新しく製造した機器類を組み合わせて新車として登場させる方法が1970年代まで行われてきた。登場後も改造を重ねる車両が多く、一部は現在も活躍を続けている。

名古屋線を走る1010系は、本文の②-3に該当する機器流用車。写真の1014Fは2013年に廃車となった。

### 20m級の新しい車体の普及に貢献

　機器流用車の車体は20m級、客用扉は両開きで①3扉車と②4扉車がある。②の4扉車は車体幅と通風器・冷房装置の仕様で4種類ある。いずれも大阪線、京都・橿原線、名古屋線などに登場し、後に名古屋線に集結した。

①3扉車　1958年に2両編成で登場した名古屋線用の6441系は、新性能量産車1460系の車体に元伊勢電モニ6231形の走行機器類を流用した。1959年の名古屋線改軌後は主電動機を除く機器類が新品となり、1974年に主電動機が換装され、1979年から養老線に転属して狭軌化された。1984年に440系となり、1994年まで活躍した。

②-1 狭幅・ベンチレータ装備車　大阪線用の2470系は、特急車10400系の出力強化で発生した台車と主電動機を流用し、1968年に3両編成で登場。台車はコイルバネ化され、中間車の側窓の配置は左右非対称となり、通勤車の中間車の基本的な窓配置となった。1985年に名古屋線に移り、2002年まで活躍した。

## 4扉の機器流用車には現役形式も

**②-2 狭幅・ラインデリア装備車**　名古屋線用の1000系と1200系は、1972年から元参宮急行2200系の主電動機を流用して登場。1000系は2両編成と4両編成の非冷房車である。1200系は新製冷房車の4両編成で、1982年に1000系に改番された。両形式とも空気バネを装備した動力台車が新製された。1980年から冷房改造され、1985年から820系の主電動機を流用して新性能化された。現在も一部が活躍している。

**②-3 広幅・ラインデリア装備車**　920系は1972年に京都・橿原線用600系の置き換え用に登場した。600系から主電動機・主制御器などを流用し、1000系と同様に動力台車のみ空気バネ付きで新製された。1982年から冷房改造され、出力強化した10100系の主電動機で新性能化された。主制御器は8000系からの機器を流用。1987年から1010系に改番して名古屋線に転属し、一部が活躍中。

**②-4 狭幅・新製冷房装備車**　2680系は近鉄通勤車初の新製冷房車で、1971年に3両編成2本が登場。主制御器や主電動機などは10000系から流用し、固定クロスシートを装備した。1991年に座席をロングシート化。2001年から1本が鮮魚列車となり、2020年に単独運転の鮮魚列車が終了するまで活躍した。

2000系は10100系の主電動機を出力強化して転用し、名古屋線用の冷房車として1978年から登場した。3両編成で初期車の台車は10100系から流用。2013年に「つどい」に改造された車両を含め、全車が活躍中である。

②-4に配当する2680系。写真は鮮魚列車に転用された2683Fで、車体色が変更されている。2020年に引退した。

---

**用語解説　機器流用車**
[ききりゅうようしゃ]

高度経済成長期を迎え、利用者数が鉄道会社の予想を越えて増加した。車両の増備が急務となったが、走行装置が高価な鉄道車両は簡単に新製投入できない。そこで廃車の車両から使用可能な台車や主電動機などを再整備して流用し、新造した車体と組み合わせて増備する方法がとられた。

# KINTETSU 56

## 通勤車3（鋼製・幅広車体）
## 900系／8000系／8600系／3000系など

車体の裾部が絞られた幅広車体の通勤車は奈良線系統用で、鋼製・アルミ製・ステンレス製がある。新生駒トンネルの開通や昇圧をきっかけに増備されたため、狭幅車体に比べて登場は遅い。しかし車体寸法や主電動機が標準化された後の登場のため、保守性に優れる。

### 新生駒トンネルの開通に合わせて登場

　奈良線は生駒トンネルが狭小で、車体幅が2,450mm以内に制限されていた。そこで、輸送力増強と車両の近代化を進めるため新生駒トンネルを掘削するとともに、車体幅を2,800mmとした900系が1961年に投入された。車体は通風器付きの片運転台車のみで、車体割付は名古屋線用1600系などと同じである。まず拡幅工事が終わった上本町～瓢簞山間で運用を開始し、1964年7月に新生駒トンネルが開通すると生駒まで入線。10月には奈良までの全線で運用された。

　新生駒トンネルの開通に合わせて、1964年7月には900系とほぼ同じ車体を持つ改良型の8000系が登場。900系の単独Mに対し、MTユニットとなった。通風機器は増備過程で通風器→ラインデリア→新製冷房へと進化した。新製冷房車は冷房機器類を車内側に出さないため、天井が最も厚くなり屋根が高くなった。中間車は1966年製の8000系からで、左右非対称の車体割付である。

　新製冷房車の登場後、非冷房車を冷房化改造するため、1974年に8023編成が試作改造。1977年から本格的に改造された。冷房化改造車は、天井から冷房機器類が少し車内側に出ている。8800系と同じ車体を持つモ8250形が8000系ラインデリア車2両編成の中間に入った編成は、中間車と先頭車で屋根の高さが異なる。

8000系をベースに新製冷房車として落成した8600系。8000系や8400系よりも屋根が丸く、高くなっている。

近畿日本鉄道の車両がわかる

8000系のうち8069Fはアルミ車体の試作車として製造された。通常の8000系よりも角張った車体をしていた。写真は旧塗色。

ステンレス製車体で1編成のみが製造された3000系。系列の近畿車輛が、米国バッド社と提携する東急車輛製造とは異なる構造で製造した。

## 8000系を基本に改良・増備

　1969年にはユニット単位を改めた8400系を投入。最大4両分供給できる空気圧縮機（CP）をTcに1台配置した。1973年には新製冷房車8600系、1980年にはMM'ユニットで、回生制動を行う界磁位相制御の8800系と発展した。なお、900系から8800系までの主電動機はいずれも145kW/hである。

　また、後に920系（8000系と同車体の京都・橿原線用の機器流用車）全車と8000系・8400系・8600系の一部は、界磁位相制御車に改造された。

　3000系は唯一のステンレス車体で、1979年に京都市交通局烏丸線乗り入れ用試作車両として登場した。TcMMc＋Tcの4両編成1本のみで、電機子チョッパ制御車である。地下鉄用に主電動機を165kW/hとし、運転操作は前後操作式の2ハンドルを採用。これらは実際に乗り入れを行う3200系に引き継がれた。

●鋼製・幅広車体の通勤車

| 登場年 | 主電動機 | 形式 | 概要。編成は奈良線（←京都） |
|---|---|---|---|
| 1961年 | 115kw/h | 900系 | McTc＋Mc 後にMcTc＋TcMc。単独Mcから1969年昇圧後はTcに機器分散、145kw/h化 |
| 1964年 | 115kw/h | 8000系 | 1967年製からラインデリア、1969年昇圧145kw/h化、McTcまたはMcTMTc |
| 1969年 | 145kw/h | 8400系 | ラインデリア。McMTc、McTMTc、McMcTc |
| 1972年 | 140kw/h | 920系 | ラインデリア。McMTc（制御機器類は旧型車から流用） |
| 1973年 | 145kw/h | 8600系 | 新製冷房車。TcMTMc、TcMTMTMc |
| 1979年 | 165kw/h | 3000系 | ステンレスカー。電機子チョッパ制御車両。Mc'MTcTc |
| 1980年 | 145kw/h | 8800系 | 位相制御車両。TcM'MTc |
|  |  | 8250形 | Mc'MTc |

### 用語解説

**ユニット**
［ゆにっと］

電車で、2両以上にわたって制御機器などを分散して配置する方式である。近鉄ではモ1450形で初めて採用された。機器類の集約化することで保守費用の低減と編成単位の重量を軽減できる利点がある。また、1両あたりの車両重量を平均化することで軌道に与える影響も減少できる。

131

# KINTETSU 57

## 通勤車4（鋼製・新設計車体） 1200系／2050系／8810系／9200系など

従来の"近鉄顔"の8800系が登場した翌年の1981年、制御方式を界磁チョッパ制御に改めた1400系・8810系がデビューした。車体形状と制御機器が大きく変更されたのが特徴である。後にアルミ製共通車体の登場で車体断面や窓配置は変更されたが、貫通型の前面形状は踏襲された。

### 1980年代に流行した顔の通勤車

　6800系「ラビットカー」が1957年に登場して以来、前面形状は改良されながら1980年登場の8800系まで踏襲された。1981年に登場した1400系・8810系は鋼製車体で側窓の配置に変更はないが、前面形状と車体断面、制御方式などは変更された。前面左右のガラス窓は上辺が50mm高くなり、窓ガラス上部にはステンレス板が張られ、前照灯が埋め込まれた。運転台上部のステンレス板に車両番号が表示され、貫通扉上部に行先表示器が埋め込まれた。

　腰板部の尾灯・標識灯は、ステンレスの枠内に尾灯1灯、標識灯2灯が横一列に並び、左右2カ所に配置された。当時、近鉄通勤車の車体色は赤単色で、ステンレス部分がとてもよく映えた。また、側面は窓の開閉用の手掛けや乗務員扉の窓枠がステンレスで、扉下の靴ずりと両開き扉の戸当ゴムは灰色のため、こちらも目立つ存在であった。白色と赤色の新塗色化後も、左右の前面窓上部にあるステンレスは目立つ存在である。

　屋根の両肩は高くなり、曲線半径が小さくなった。屋根が薄くなったことで幕板部分が広がり、側面の列車種別表示器は平面内に収まった。後年、天地方向に大きな行先表示器に交換された時も平面内に収まっている。

　車内は天井の機器類が改良さ

狭幅車体・4両編成の1400系。屋根まで届く縦長の前面窓は、1980年代前半に私鉄・国鉄を問わず流行したデザインだ。

近畿日本鉄道の車両がわかる

広幅車体・4両編成の8810系。左ページの1400系と似た前面形状だが、車体裾部が絞られているのが分かる。

広幅車体・3両編成で落成した9200系だが、サ9350形（2両目）を挿入して4両編成化された。アルミ製の車体のため、車体断面が異なるのが分かる。

れて薄型となったことで、天井が45mm高くなった。化粧板の色も変更され、広く明るくなった。また、広告吊ごとを一区画として空調機器の吹き出しやリターン口が均等に配置された。

## 界磁チョッパ制御でエネルギー効率を向上

　制御装置は費用対効果で省電力効果が見込める界磁チョッパ制御が採用され、直流複巻電動機とサイリスタを使用してエネルギー効率を高めている。

　これらの車両は車体幅の広狭と編成両数で形式名は異なるが、いずれも制御方式は同じである。例外は2両編成のみの南大阪線・吉野線用の6600系とGTO素子のVVVFインバータ制御の試作車1420系（元1250系）がある。

　1991年に9200系の4両編成化用に、アルミ製の全線共通車体のサ9350形が落成した。後にシリーズ21の増備に備え、2007年までにサ9310形に形式変更された。また、1200系の最終増備車2本はこれまでの近鉄通勤車と同じ車体の2430系と4両編成を組んでいる。そのため、編成の前後で前面形状や車体断面が異なる。

●新設計車体の通勤車

| 車体 | 両数 | 2両 | 3両 | 4両 |
|---|---|---|---|---|
| 狭幅 | | 1200系 | 2050系 | 1400系 |
| 広幅 | | 9000系 | 9200系 | 8810系 |

**幕板**
[まくいた]

側板の窓の上部から屋根までの間の部分を指す。窓の上には帯板があり、外側に出ている場合も内側に埋め込まれている場合も「幕板帯」という。幕板には上端に長桁、下端に幕板帯があり、3つを合わせて「幕板部」となる。側構（がわかまえ）を構成する主要部分のひとつである。

# KINTETSU 58

## 通勤車5（急行・団体用／第三軌条方式）
## 5200系／7000系・7200系

5200系は、現在の近鉄で唯一の3扉クロスシート車。急行や団体用として使用され、車体の形状はJR西日本221系に影響を与えたとされている。7000系／7020系はけいはんな線用で、地下鉄中央線にも乗り入れる。近鉄で唯一の第三軌条方式を採用し、電圧も他の路線と異なる。

### 団体輸送に対応したクロスシート車

　5200系は長距離急行用の3扉車で1988年に4両編成で登場した。座席は自動転換クロスシートで、座席間隔は910mmと広い。登場時は団体使用時に、乗降扉の両側にある折り畳み式の補助いすが使用できた。客用扉間には開閉可能な窓が5枚並び、車端部は固定窓である。側窓が一般車より天地方向に広いため、強度を確保するため車体は鋼製となった。両先頭車の連結面側の車端部にはトイレが設けられている。前面窓はパノラミックウィンドウで、貫通扉の窓は下辺が低い。前面窓下の尾灯・標識灯から窓上の前照灯まで赤で塗装され、独特の表情だ。

　制御機器はVVVFインバータで、台車は積層ゴム式軸箱案内式を初めて採用。増備中の改良で、1991年に補助電源装置をSIV化して5209系、1993年にボルスタレス台車化した5211系となった。大阪線と名古屋線に所属し、1996年までに13本が登場した。車両の多くが混雑度の低い名古屋線に配置され、2両編成のロングシート車を連結して6両編成の急行を中心に運用されている。

　2007年から車体更新が行われ、車いすスペースの設置やトイレの洋式化などバリアフリー化、補助いすの撤去なども行われた。

数ある近鉄電車の中でも異色の存在といえる5200系。写真は2両編成のロングシート車を後ろに連結した、6両編成の急行。

# 近畿日本鉄道の車両がわかる

## 近鉄で唯一の第三軌条方式

　7000系／7020系は、長田と学研奈良登美ヶ丘を結ぶけいはんな線用の車両で、長田で大阪市営地下鉄（現・Osaka Metro）中央線と相互直通運転を行っている。乗り入れ先の仕様に合わせて、集電方式は近鉄で唯一の第三軌条方式である。

　7000系は1984年に先行試作車4両が登場し、量産車は1986年に当時の東大阪線生駒～長田間の開業に合わせて登場した。前面形状は20m級アルミ製車体の3200系と似た左右非対称だが、7000系は鋼製で18m級車体である。車体幅は近鉄最大の2,900mmで、車体裾部から腰部にかけて大きく膨らんでいる。車体色は白を基調に橙色を正面と側窓下の帯に使用し、帯の下には水色の帯も入る。制御装置はGTO素子のインバータ制御車である。2004年から車体更新が行われ、室内や側窓などが7020系に合わせて改造された。

　7020系は2006年にけいはんな線生駒～学研奈良登美ヶ丘間の延伸開業に備え、2004年に登場した。車体は7000系を基本とし、車内は座席の構造などがシリーズ21と共通となった。制御装置はIGBT素子のインバータ制御車で、主電動機の出力が強化されて高速運転に対応している。

　これらの車両の全般・重要部検査は五位堂検修車庫で行われ、車庫間は東生駒車庫で電動貨車の中間に連結して回送入出場が行われている。

けいはんな線を走る7000系。左右非対称の前面は3200系と似ているが、車体色が全く違うので、印象が異なる。

### 用語解説　第三軌条方式
[だいさんきじょうほうしき]

電気鉄道では通常、架空電線からパンタグラフやポールの集電装置で集電するが、架空電線に代わり給電用の軌条から集電靴で集電する方式。日本では東京メトロ銀座線やOsaka Metro御堂筋線などで見られ、これらの地下鉄線に乗り入れる北大阪急行電鉄や近鉄などで採用されている。

# KINTETSU 59

## 通勤車6（アルミ共通車体）
## 3200系／6400系／1233系など

近鉄通勤車のアルミ共通車体は、大型押出アルミ形材を使用した3200系が最初である。同年に同じ構造で貫通型の6400系が登場したが、前面は界磁チョッパ車1400系・8810系のデザインが継承された。1233系で通勤車の標準形となる車体が完成し、シリーズ21の投入まで多くの形式が登場した。

### 初のアルミ車体量産車は地下鉄直通用

近鉄のアルミ合金車体の歴史は1968年に登場した通勤車8000系に始まる（写真は131ページ）。4両編成が1本試作されたが、1両あたり約4t軽量化されて経済効果は大きいものの、アルミ素材が高価なことと加工に不慣れで製作費用が高くなるため量産は見送られた。1980年代に入り、押出アルミ形材を大型化する技術や、鉄道車両用のアルミ合金素材の開発が進み、量産化による材料や製作費用の低減も見込まれたため、アルミ合金車体が登場する環境が整った。

こうして大型押出アルミ形材を初めて使用した3200系が1986年に登場した。車体構造の材質・割付・デザインなどが見直され、通勤車の標準車体を目指して設計された。車体色は白と赤の2色塗装となり、共通仕様として車体最大寸法の幅が2,800mmとなった。また、居住性を高めるためロングシートの1人あたりの幅と奥行きが見直され、客用扉間の長さを改めたことで割付が変更された。

先頭車は乗務員室と客用扉の間の窓がなくなり、客用扉と側窓が全体的に乗務員室側に寄せられた。以前の中間車は車端部横の窓が小窓の場合、反対側の車端部横の窓は大窓という左右非対称の形状であったが、両車端部横の窓は小窓という左右対称になった。この割付はシリーズ21に

近鉄で初のアルミ製車体の量産車となった3200系。地下鉄直通用のため、非常用貫通扉は向かって左寄りに設置されている。

近畿日本鉄道の車両がわかる

も引き継がれている。

　前面は大型曲面ガラスを使用した非対称なデザインで、京都市営地下鉄烏丸線乗り入れという特殊な条件を考慮し、非常扉を車掌側に寄せて運転台を広くしている。赤と白の塗り分けを採用したのも、3200系が最初である。制御機器は三菱製のVVVFインバータで、鋼製車体のVVVFインバータ制御試作車1250系（現・1420系）と同じである。

## 制御機器メーカーで異なる形式に

　通常の貫通型のアルミ標準車体は、同じ1986年に登場した南大阪線・吉野線用6400系が最初である。こちらは日立製のVVVFインバータ制御機器である。

　本線系の貫通型標準車体は1987年に登場した1250系の増備車1252系（現・1422系）からで、制御機器は三菱製である。1987年から1252系の車体に日立製の制御機器を搭載した1220系が登場し、以降は制御機器のメーカーで形式が分けられた。そのため、1250系と1252系は1990年までに現形式に変更された。

　1989年に日立製の1230系2両編成が2本登場した。車体に加えて機器配置も標準化するため設計が変更され、3本目から定員が変更された新車体となり、新形式1233系が同年に登場した。この車体が標準車体となり、シリーズ21の登場まで増備が続けられた。

通常のアルミ製車体は、南大阪線・吉野線の6400系から採用された。

アルミ製標準車体で増備された形式の一つ、1620系。1422系から始まる通勤車の4・6両編成仕様にあたる。

**用語解説　烏丸線 [からすません]**

京都市の烏丸通の地下を走り、ほぼ南北に結ぶ。1997年までに竹田〜国際会館間が開業し、竹田で近鉄京都線と接続して奈良まで相互直通運転を行う。京都でJR各線、四条で阪急京都線、烏丸御池で東西線と接続している。なお、竹田と伏見区三栖（みす）を結ぶ路線は未着工である。

137

# KINTETSU 60

## 通勤車7（アルミ車体・シリーズ21）
## 3220・5820・9020・9820・6820系

21世紀を迎えるにあたり、設計を一新した通勤用車両が「シリーズ21」である。「人にやさしい・地球にやさしい」をコンセプトに、使用線区を問わない共通仕様の車体や機器構成とされた。奈良線、大阪線、吉野線系統に投入され、2008年まで増備が続いた。

### 共通仕様化で製作・保守費用を低減

京都市交通局烏丸線と新田辺間の相互直通運転に加えて、2000年から竹田〜奈良間で急行運転を行うこととなり、直通運転用として3220系が1999年に登場した。この車両は、「シリーズ21」と総称される新通勤用車両の規格で開発され、共通仕様の導入と新工法による製作・保守費用の低減、誰にでも利用しやすい車両を目的に設計された。

車体色は上半分が薄茶色、下半分が白色で、塗り分け部分に黄色の帯が入る。前面は、黄色帯から上は天井近くまで黒色でまとめられ、4枚の窓ガラスで構成される。尾灯・標識灯は台枠下部に設置された。前面は2種類あり、3220系のみ非常扉を車掌側に寄せている。それ以外の形式は中央に貫通扉を設けた貫通型で、既存車両と併結時は往来が可能である。

床下の艤装はバリエーションを最小限に抑え、M車とT車は1種類、Mc車とTc車は2種類のみで、これらを組み合わせて編成を組む。特殊線区向けは新設計ではなく、6車種に必要な機器を搭載して対応する。

車体には大型のアルミ押出形材を使用し、屋根もダブルスキン構造として車体の軽量化と溶接作業時間の短縮を実現。車両間には、登場時から連結部に転落防止用幌が設けられた。

最初に登場した3220系は京都市交通局烏丸線との相互直通運転用。非常用貫通扉がオフセット配置され、運転室が広く確保されている。

# 近畿日本鉄道の車両がわかる

## 車体や内装の製造工程も効率化

　内装は、天井内装材を送風ダクトなどの天井部の機器に取り付けてから屋根構造材にまとめて取り付けるリブパネル工法を採用し、作業時間を短縮している。

　座席は1人あたりの占有幅が485mmと従来より55mm拡大し、区分範囲が明確なバケット型となった。ロングシートの乗降扉横の1席は「らくらくコーナー」とし、離席時に補助となる両肘掛が設けられた。一部の吊手の位置は通常より80mm低くなり、荷棚は利用しやすいよう80mm手前に出して30mm低くなった。また、バリアフリー対応として車椅子スペースや車内通報装置などが設けられた。なお、車内床面は従来より30mm下げられて、ホームとの段差が縮小した。

5820系はロングシートとクロスシートに転換できるL／Cカー。奈良線用は阪神電鉄との相互直通運転にも使用されている。

　走行装置はIGBT素子のVVVFインバータ制御で、軽量化構造の185kW主電動機(南大阪線・吉野線用6820系のみ160kW/h)を採用し、120km/h運転が可能である。既存車両と併結運転する際は、既存車両に合わせた力行性能となる。さらに電動空気圧縮機には整流子のない**交流モータ**を採用することで、省メンテナンス化を図っている。

　なお、名古屋線系統へは投入が検討されたものの、現在まで配属はない。

### ●シリーズ21の概要

| 形式 | 使用線区 | 座席 | 編成両数 | 製造本数 | 製造時期 |
|---|---|---|---|---|---|
| 3220系 | 京都市営地下鉄直通用(奈良線) | ロングシート | 6両 | 3本 | 1999～2000年 |
| 5820系 | 奈良線 | L/C | 6両 | 5本 | 2000年 |
| 9020系 | 奈良線 | ロングシート | 2両 | 19本 | 2000～2008年 |
| 9820系 | 奈良線 | ロングシート | 6両 | 10本 | 2001～2008年 |
| 5820系 | 大阪線 | L/C(トイレ2カ所) | 6両 | 2本 | 2002～2003年 |
| 9020系 | 大阪線 | ロングシート | 2両 | 1本 | 2002年 |
| 6820系 | 南大阪線・吉野線 | ロングシート | 2両 | 2本 | 2002年 |

### 用語解説　交流モータ［こうりゅうもーた］

交流電源で駆動するモータで、回転部分の構造の違いで誘導モータと同期モータがある。直流モータに比べてコイルに流れる電流を切り替えるための整流機構や整流子に回転しながら接するブラシが不要となるため、モータは小型化され、保守は省力化されて軸受けなどの交換のみとなる。

# KINTETSU 61

## シリーズ21車両以来24年ぶりの新型一般車両　8A系

2024年10月に運行を開始した8A系は、2000年にシリーズ21が導入されて以来となる一般車両である。4扉車を踏襲しつつも前面は斬新なデザインに変更された。車内には新たに「やさしば」と名付けられたスペースが設けられ、大型荷物を持った利用者でも快適に着席できるように、工夫が盛り込まれている。

### 八角形がモチーフの印象的な前面

　8A系は製造から50年以上が経過した一般車両の置き換え用として、奈良・京都線用に初めて導入された。近鉄線内用で、京都市営地下鉄や阪神電鉄へは乗り入れない。

　印象的な先頭形状は、沿線にある八角形の歴史的建造物を参考に「八角形に見えるデザイン」が採り入れられた。四隅の角を落として八角形とした前面に、灯火類や大型の列車種別・行先表示器が収められている。

　灯火類の配置が変更され、LEDを連ねた前照灯は八角形に合わせた逆「ハ」の字型で下部に配置。列車種別灯を兼ねた後部標識灯は上部となり、従来とは上下逆になった。この配置は近年施工中の一般車の更新にも適用されている。また、けいはんな線を除いて初めて前面と側面に社紋と「KINTETSU」ロゴが入った。

　車体断面が変更されて、車体幅は2,800㎜となった。側板の裾絞りはなくなり、直線化されて床面積が広がり、台枠部分だけが20㎜裾部にかけて絞られている。

車体色は色調と塗り分けが変更され、深みのある赤と鮮やかな白となった。

制御方式はハイブリッドSiC素子のVVVFインバータ

八角形をモチーフにした前面が個性的な8A系。分割併合運転を考慮し、前面には転落防止幌が装備された。写真／イカロス出版

近畿日本鉄道の車両がわかる

で、主電動機は全閉自冷式かご形三相誘導電動機。台車は80000系をベースに、アンチローリング装置などを備える。最高速度は110km/hだが、将来は120km/h運転が可能な構造だ。

客席は座り心地が改良され、車端部は固定式ロングシート、乗降用扉間はロング／クロスの両方で使えるデュアルシートである。L/Cカーの改良版で、座面幅は従来より10mm拡幅された。必要に応じて扉間ごとにクロスシートやロングシートに転換して他の座席と逆の仕様で利用することもできる。

また、新たな試みとして「やさしば」が設けられた。「やさしば」は「やさしさ」を共有できる空間と「芝生」を掛けた造語で、公園の芝生をイメージした緑色の座席の足元には、大型荷物などの転動を防ぐ装置がある。1両あたり2カ所設けられた。

L/Cカーで落成した奈良・京都線用の客室。扉間ごとにロングシートとクロスシートを使い分けることもできる。写真はオールクロスシートの状態。
写真／イカロス出版

## 新たに制定された付番方法

車番は従来、特急車両は5桁、一般車両は4桁で付番されていたが、大量増備が見込まれる本形式用のまとまった空き番号がないため、新たな付番方法が制定された。近鉄では初めて数字とアルファベットを組み合わせて5桁の表示となった。詳しくは下図を参照いただきたい。

今後、2025年度にかけて奈良線・京都線用に21本、大阪線系統に2本、名古屋線系統に3本、南大阪線系統に3本がすべて4両編成で配備される予定である。

**8A401**

所属線区／グループ／編成位置／編成番号

奈良線・京都線所属の4両編成で、大阪難波・京都側先頭車（電動制御車）の場合。

● 8A系の付番方法

**万の位　所属線区**

| 1・2 | 大阪線・名古屋線 |
| --- | --- |
| 3 | 京都市交相互直通車 |
| 4 | 現時点では欠番 |
| 5 | 奈良線・けいはんな線相互直通車など |
| 6 | 南大阪線 |
| 7 | けいはんな線 |
| 8・9 | 奈良線・京都線 |

**千の位　グループ**
編成両数の違いやシートの種類などをアルファベットで表示

**百の位　編成位置**
1位寄りから付番され、奈良線は近鉄奈良寄りから、大阪線は大阪難波寄りから、名古屋線は近鉄名古屋寄りから、南大阪線は吉野寄りから、1・2・3…と付番される

**十・一の位　編成番号**
製造順に付番されるが装備内容により、番代区分される可能性はある

141

# KINTETSU 62

## 近鉄を彩った車両たち1
## モ200形・モ2200形・モ6601形・モ5201形ほか

近鉄の現在の路線ごとに、歴史的に欠かせない主な車両を紹介する。参宮急行電鉄（参急）や関西急行電鉄（関急）は大阪電気軌道（大軌）の関係会社だが、車両は使用線区の状況が異なるため、独自性を発揮している。京都線用は121ページで680系を扱ったため割愛した。

### 戦前から戦後の近鉄を支えた電車たち

**大軌デボ1形（→近鉄モ200形）**……1914年、大阪～奈良間の開業に合わせて登場した14m級車体の木造車である。登場当時では大出力となる123kW/hの主電動機を2基装備し、生駒トンネルへの急勾配に挑んだ。戦後は、橿原・天理線や奈良電鉄線（現・京都線）乗り入れ用に活躍の場を移した。信貴生駒電鉄（現・生駒線）や大和鉄道（現・田原本線）に貸し出され、1964年に引退。1両がデボ1形に復元されて、五位堂検修車庫に保存されている。

14m級の小さな車体に、強力な主電動機を搭載したモ200形。引退が近い1963年3月の撮影。写真／辻阪昭浩

**参急デ2200形（→近鉄モ2200形）**……1930年からデトニ2300形、サ3000形とともに登場した片側2扉のセミクロスシート車で、トイレを備えた長距離急行用である。150kW/hの主電動機を4基備え、大阪と伊勢を結んだ。増備車2227系を中心に戦後は特急用として使用され、2250系に譲るまで特急運用に就いた。以降は主に急行用として1974年まで活躍した。

3扉に改造後のモ2200形。前面向かって左の車掌部分にはトイレがあるため窓がない。写真／辻阪昭浩

近畿日本鉄道の車両がわかる

### 関急モハ1形（→近鉄モ6301形）

……1937年に桑名〜関急名古屋（現・近鉄名古屋）間の開通に合わせて登場した片側2扉のセミクロスシート車である。17m級の半鋼製車で「緑の弾丸」と呼ばれた。戦後は特急で使用され、車両の基本構造は1950年に登場した特急車6401形まで続いた。1972年までに狭軌化されて養老線へ移り、1983年まで活躍した。

南大阪線・吉野線で使用されていたモ6601形。60両が在籍した一大勢力であった。1965年撮影　写真／辻阪昭浩

### 大阪鉄道デニ501形（→近鉄モ6601形）

……1928年に古市〜久米寺（現・橿原神宮前）間の開通時に登場した。合わせて吉野鉄道へ乗り入れ、大阪天王寺（現・大阪阿部野橋）〜吉野間の直通運転用となった。日本初の20m級車体の半鋼製車で、同時にデニ形・デホニ形・デホユ形・フイ形が合計60両も登場した。南大阪線・吉野線の重鎮として1974年まで活躍した。

### 吉野デハ201形（→モ5201形、モ5211形）

……1929年に登場した吉野鉄道初の全鋼製車。16m級車体の片側2扉で、同形態にクハ301形がある。川崎車輛製で広い側窓が特徴。同形の車両には上毛電気鉄道デハ100形や武蔵野鉄道（現・西武鉄道）デハ5560形がある。南大阪線や名古屋線を経て養老線で1977年まで活躍した。

### 伊勢電デハニ231形（→モニ6231形）

……1930年に桑名〜大神宮前間の開通時に登場した17m級車体の半鋼製車である。トイレ付きのク471形（→ク6471形）と組み、看板列車として急行運用に就いた。両運転台付き片側2扉のセミクロスシート車で、乗務員扉はなく荷物室が設けられた。1959年に全10両がモ6441形に電装機器を譲り、「かもしか」に格上げ改造されなかった6両の最後はクニ6481形4両、養老線用クニ5421形1両、伊賀線用クニ5361形1両となり、1979年まで活躍した。最後は養老線で1983年まで活躍した。

---

**用語解説　川崎車輛［かわさきしゃりょう］**

川崎造船所では1906年から鉄道車両の製造を始め、1928年に川崎車輛として独立。その後、1969年に川崎重工業と合併し、2001年に社内カンパニー制が導入されて川崎重工業車両カンパニーとなった。2021年10月に分社化され、川崎重工業の完全子会社である川崎車両となった。

143

# KINTETSU 63

## 近鉄を彩った車両たち2
### モ1450形／800系・820系／モ1460形ほか

戦後の混乱期や復興期の輸送を乗り越えて、車体の軽量化、小型主電動機の開発と台車の改良などを行った高性能車と呼ばれる車両が登場した。従来の車両と一線を画する設計で、1950年代にはこれらの技術を活用して、走行路線の条件に合わせた個性豊かな車両が次々に登場した。

当時流行した湘南顔のような前面2枚窓を配した800系。前面には「大阪－奈良　特急」の文字と鹿のイラストが描かれたヘッドマークが掲げられている。写真／辻阪昭浩

## 軽量・高性能電車の幕開け

　溶接技術の向上に合わせ、1952年に軽量化車体のク1560形が9両製造された。名張までの区間運転用の増結車で、大阪側に運転台を持つ。全溶接構造の20m級車で、大阪線初の全金属車体となった。二段上昇式の窓の上下に帯板はなく、雨樋を上げた張り上げ屋根は、特急車2250系に引き継がれた。

　1954年にこの車体の2両を使い、動力車化したモ1450形が登場した。高性能車の原点となる試作車で、制御器と台車と駆動方式に最新の技術が導入された。1つの制御器で8個の主電動機を操作し、2両の動力車を1組として電気関係の機器をM車、空気関係の機器をM'車に配置したMM'ユニットとした。

　台車は、スイスのSWS社と技術提携した近畿車輛が電車用に開発した軽量台車（シュリーレン式台車）である。板プレスの溶接組立台車で、軸箱の摺動部をなくすため軸箱両側を円筒案内式軸バネで支える構造（ウイング方式）は、22000系でボルスタレス台車が採用されるまで、近鉄の基本の台車となった。

　駆動方式は平行カルダン式を採用。主電動機を台車枠に装荷し、主電動機の動力軸から駆動軸へは振動などで多少中心がずれても動力を伝達できるWN継手を

使用するWN駆動方式である。

## 各線に投入された高性能車

　その後、車体にも改良が加えられ、側窓をサッシレスのシュリーレン式バランサーによる一段下降窓とした量産車が各線に投入された。

**奈良線用800系（1955年）**……軽量化を進めた車体で、内部の艤装材料にアルミ合金のプレス材などを多用した。18m級車体で前面は2枚窓の非貫通型流線形である。片側2扉の3両編成で登場し、後に4両編成化された。赤色の車体色でステンレスの飾り帯を巻き、特別料金不要の奈良線特急などで活躍した。1961年には改良増備車820系が登場。2両編成となり、前面は貫通形となった。前照灯はシールドビーム2灯、客用扉は両開きで幅は1,450mmと広くなった。

**大阪線用1460系（1957年）**……客用扉を両開きとした片側3扉の通勤車で、西信貴ケーブル再開に合わせて設定された上本町と信貴山口を直通する専用車。

**南大阪線用6800系（1957年）**……1460系の車体に、前照灯をシールドビーム2灯に変更して左右に配置し、客用扉を片側4扉に変更した通勤車。2灯化は吉野線運用時に視認性を高めるため、4扉は混雑緩和が目的であった。1460系と比較した結果、前照灯は左右のライトを1,300mm間隔に広げたシールドビーム2灯、片側4扉が以降の通勤車の基本となった。1959年に大阪線用1470系と名古屋線用1600系、1960年に6800系2次車が登場した（126ページも参照）。

1961年に登場した800系の改良増備車、820系。前面は貫通型で、前照灯は6800系と同様にシールドビーム2灯を離して配した形状になっている。写真／辻阪昭浩

1460系は、客用扉を両開きとした片側3扉の通勤車。非冷房のため、一段下降式の窓が開いている。前照灯は中央に1灯だった。写真／辻阪昭浩

**用語解説　シュリーレン式　［しゅりーれんしき］**
スイス車両エレベータ製造（SWS）の技術援助を基礎として近畿車輛が開発した特許製品で、摺動部分がない軸箱支持案内方式の台車や窓開閉装置などがある。シュリーレンの名称は、SWSの所在地があったスイス・チューリッヒ州ディーティコン地区シュリーレンに由来する。

# KINTETSU 64

## 近鉄を彩った車両たち3
## 木造車の鋼体化改造

戦後の混乱も落ち着いた1950年代半ば近くになり、輸送需要が増え始めた。合わせて木造車の老朽化が目立つようになり、車体の鋼体化が始まった。奈良線、南大阪線、養老線の車両が対象となり、国鉄60系客車のような台枠の切り継ぎ加工は行わず、台枠をそのまま利用する工事が行われた。

### 機器は流用し、車体を鋼体化改造

　近鉄の車体の鋼体化工事は、木造車の台枠より上をすべて解体し、鋼製車に不要なトラスロッドやクインポストなども撤去し、車体を新造する方法で行われた。制御機器、主電動機、ブレーキ装置、台車などは再度使用されている。

　奈良線では1922年以降に製造された元大軌の木造車モ260形、ク101形、モ250形が鋼体化の対象となり、1954～58年に工事が行われてモ460形とサ300形となった。車体は15m級車体の3扉車で、モは片運転台車である。窓の上下に帯板はなく、なるべく軽量となるように部品はプレス物を使い、屋根板は木製、天井板にはアルミ板が使用された。また、1次車では窓枠や扉なども再使用された。

　1954・55年製の1次車の前面はHゴムの2枚窓で、室内灯は白熱灯である。1955年製以降の2次車は貫通型の3枚窓で蛍光灯となった。1957年製以降のモ250形の鋼体化改造車は、それまでの鋼体化車両が自動ブレーキ化されたのに合わせて自動ブレーキ・手動加速制御で登場した。

　後年、一部は電装を解除されて制御車化され、1969年に京都・橿原線などが昇圧されるまで活躍した。

Hゴム2枚窓のモ460形1次車(左)と貫通型3枚窓になった2次車(右)。西大寺車庫　1969年撮影　写真／林 基一(2枚とも)

近畿日本鉄道の車両がわかる

## 南大阪線の快速にも充当

南大阪線では、1923年に登場した元大阪鉄道の日本初の1500V用電車であるモ5601形と、元吉野の木造ダブルルーフ車モニ5161形が1955年から鋼体化され、それぞれモ5801形とサ5701形となった。種車のモニ5162だけはクニ5432と機器を振り替えてサに改造された。モは15m級車体の片運転台3扉車、サは16m級車体

南大阪線で活躍したモ5801形5805＋5808＋5806の3両編成。この3両のみは快速「かもしか」用に淡緑の塗装であった。写真／辻阪昭浩

の3扉車で3両固定編成用の中間車であった。鋼体化では客用扉の拡幅化・自動扉化と蛍光灯化も行われた。

モの車体形状は、①前面2枚窓の非貫通車、②雨樋が上がった張り上げ屋根で800系と似た前面を持つ流線形で2枚窓の非貫通車、③張り上げ屋根で貫通車、の3種類がある。また、モ5805・5806・5808は快速「かもしか」用に淡緑色に塗り替えられた。モの南大阪線時代の晩年は、初期の2枚窓車は貫通化改造され、半数がパンタグラフを撤去されてユニット化された。1971年にサは活躍を終え、モは養老線へ転属して1980年まで活躍した。

また、養老線では揖斐川電気時代の電化で1923・24年に登場したモニ5001形が1955年に鋼体化され、両運転台がモニ5001形、片運転台がモニ5041形となった。モニ5001形には木造車時代の面影を残す前面非貫通の丸妻3枚窓車と、前面非貫通の2枚窓車があり、後に全車片運転台化されてモニ5003以外の手荷物室は撤去された。なお、これらの制御車である1924年製のク5401形は1955年に鋼体化され、全車が前面非貫通で2枚窓の片運転台3扉車となった。後に多くが2両単位のユニット編成となり、1971年まで活躍した。

---

**用語解説**

**木造車**
［もくぞうしゃ］

昭和初期まで、台枠が鋼製で車体が木製の木造車が多かった。保守は手間がかかり、経年で車体が反るため、台枠に修正用のトラス棒が設けられた。車体は軽量だが強度は鋼製車に比べて劣るため、乗客の安全性確保を目的に、全鋼製車や屋根が木製などの半鋼製車が主流となった。

147

## KINTETSU COLUMN

# 電気検測車「はかるくん」

### 昼間でも電車線の検測が可能に

　架空集電方式の電車線は、電車の通行や気温の変化などでレール面からの高さや左右に位置が変わることがある。これらの交換や修正の作業箇所を探すのが電気検測車である。また、ATS地上子測定装置、列車無線測定装置も搭載して検測を行っている。

　近鉄が以前に保有した電気検測車は最高速度30km/hのディーゼル車で、最終電車と始発電車の間に計測を行うため、作業効率が上がらなかった。

　そこで、機器更新の時期に合わせて検測機能を追加し、昼間でも検測できるように110km/hの高速走行が可能な電気検測車として、大阪線2410系通勤形電車を改造したモワ24系貨車「はかるくん」が登場した。大阪寄りのク2511を電気検測車のクワ25に、モ2411を広軌区間の牽引車モワ24に改造。昼間走行のため利用者の目に触れる機会が多いことから外観デザインを一新し、ネーミングや車体色は社内公募で決められた。

　2006年度に試運用を行い、2007年度から本運用を開始した。狭軌区間ではクワ25は台車を交換するが、モワ24は入線できないので牽引車は営業用の一般車を使用する。南大阪線は6200系3両編成の2本、養老鉄道では610系2両編成の2本が指定され、いずれもクワ25と連結できるようにジャンパ栓設置などの改造がされている。

6200系と連結して狭軌線を走るクワ25「はかるくん」。台車を履き替えて両軌間を検測するのは近鉄ならでは。

標準軌線ではクワ25（左側）とモワ24の2両編成で走行する。明星車庫に配置されている。

# CHAPTER 5 第5章

## 近畿日本鉄道の
# 歴史がわかる

2府3県にまたがり、私鉄としては日本一長い総営業キロ数501.1kmを誇る近畿日本鉄道は、大阪〜奈良間を開業した大阪電気軌道をルーツとする。後に周辺の中小鉄道を合併し、大阪・名古屋・京都・伊勢志摩・吉野をエリアとする一大企業に発展した。また、鉄道を基盤に不動産・流通・レジャーなどを営む近鉄グループを作り上げ、沿線の発展に大きく寄与している。

# KINTETSU 65

## 日本一の大私鉄、近畿日本鉄道 エリアは2府3県にまたがる

現在の近鉄は、関西地方の一鉄道事業者に収まらない存在で、日本全国に近鉄グループのネットワークが張り巡らされている。そのグループ企業は255社（2024年3月現在）で、運輸事業、不動産事業、国際物流事業、流通事業、ホテル・レジャー事業、文化事業にカテゴライズされている。

### 周辺の中小私鉄を合併して成立した近鉄

近畿・東海に路線網を構築する近畿日本鉄道は、255社（2024年3月31日現在）で構成される近鉄グループの中核企業である。沿線には大阪・名古屋・京都の大都市に加え、奈良・吉野・伊勢志摩の観光地を控え、大都市相互間で、また大都市から観光地への有料特急を運行している。日々の通勤・通学輸送も盛んで、ラッシュ時の大都市近郊区間では、分単位で多くの列車を運行する。

その歴史は1910年に設立された大阪電気軌道（同年に奈良軌道から改称）をルーツとし、傍系の参宮急行電鉄や南大阪線の前身である大阪鉄道、伊勢電気鉄道をはじめとする三重県内の中小私鉄を合併していった。戦時中に南海鉄道と合併し近畿日本鉄道が成立、戦後に旧南海鉄道の路線は分離したが、近鉄の社名はそのまま残り現在に至っている。

近年は名阪特急へ「アーバンライナー」「ひのとり」、伊勢志摩への特急に「伊勢志摩ライナー」「しまかぜ」、吉野特急へ「さくらライナー」「青の交響曲（シンフォニー）」を、一般車では快適な転換クロスシート車やロングシートとクロスシートに転換できる「L/Cカー」、次世代の標準車に位置付けられる「シリーズ21」、8A系を投入し、一層の充実を図っている。

その一方で、21世紀に入ると近鉄はコスト削減を積極的に進め、一部路線については本体からの分離、第三セクターへの転換を実施した。

参急が建設し大阪と伊勢を結んだ青山トンネルは単線ゆえ輸送の隘路（あいろ）となっていた。近鉄は1975年に複線の新青山トンネル（写真）を竣工し、列車の増発が可能となった。

近畿日本鉄道の歴史がわかる

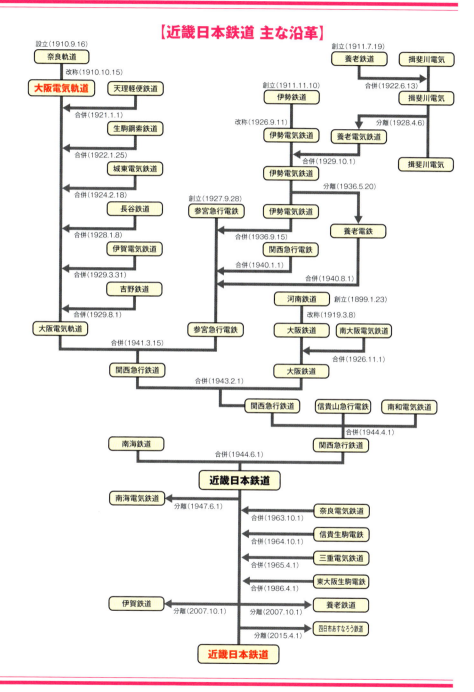

【近畿日本鉄道 主な沿革】

# KINTETSU 66

## 1910-1930
## 生駒山地を貫いて大阪～奈良間を直通

近畿日本鉄道は多くの鉄道会社が合併して現在の路線網が築き上げられた。その元となるのは大阪電気軌道で、大阪～奈良間に電気鉄道を開業した。一方で、大阪府南部にはのちに南大阪線となる鉄道が開業し、橿原神宮方面への輸送で大軌と競合した。

### 後発組だった大阪電気軌道の開業

　明治中期から奈良は観光地として脚光を浴び、外国人旅行者も多かった。1892年に大阪鉄道（近鉄南大阪線の前身とは別会社。現・JR関西本線）が湊町～奈良間、浪速鉄道を買収した関西鉄道が1897年に片町～木津間（現・JR学研都市線）を開業していた。これらは蒸機鉄道で、1日の運行本数も少ない上、所要時間も長かった。

　大阪～奈良間で電気鉄道を開業することを計画した大阪電気軌道（大軌）は、所要時間を短縮するため、生駒山地を貫く最短ルートを選択した。これが近畿日本鉄道の前身である。1914年に全長3,388mの生駒トンネルが完成し、同年4月30日に大軌が上本町（現・大阪上本町）～奈良（仮駅）間を、1435mm軌間で開業した。大阪～奈良間の鉄道としては後発組だった。

　大軌は1921年に神武天皇を祀る橿原神宮へ向けて路線を延ばし、現在の橿原線の一部である西大寺（現・大和西大寺）～郡山

1917年3月の路線図

152

近畿日本鉄道の歴史がわかる

（現・近鉄郡山）間を、そして 1923 年までに橿原神宮前まで延伸した。また、同年までに吉野線の前身になる吉野鉄道が橿原神宮前〜吉野口間を開業し、橿原神宮前で大軌と接続した。吉野鉄道は 1929 年に大軌と合併している。

## 道明寺線は近鉄で最も早期に開業

　大軌より早い 1898 年に、柏原〜道明寺〜古市間を 1067mm 軌間で開業したのが、河陽鉄道である。これは現在の近鉄道明寺線と南大阪線の一部に当たる。柏原で大阪鉄道と接続して南河内の集落を結ぶものだったが、人口が希薄な地域に敷設したため営業成績が伸びず、1899 年に河南鉄道へ経営権を譲渡した。同社は 1919 年に大阪鉄道（2代目、大鉄）に改称し、1902 年に長野（現・河内長野）へ、1923 年に大阪都心部の大阪天王寺（現・大阪阿部野橋）へ延伸した。

　三重県内では四日市周辺において 1912 年に内部線・八王子線（現・四日市あすなろう鉄道）の前身となる三重軌道、翌年に湯の山線の前身となる四日市鉄道、1915 年に名古屋線の前身となる伊勢鉄道（のち伊勢電気鉄道）が一身田町〜白子間を開業した。

　さらに大軌が伊勢方面へ延伸するため設立した参宮急行電鉄（参急）が、1930 年までに桜井〜山田（現・伊勢市）間を開業、桜井で大軌と接続し上本町〜山田間の直通運転を開始した。

　奈良県内では、大軌は 1921 年に天理教信者の参拝輸送独占を目論み、天理軽便鉄道を合併、さらに 1928 年には信貴山朝護孫子寺への参拝客向けに別会社の信貴山電鉄（のち信貴山急行電鉄）を設立し、開業させた。

屋根上に「なら行」と大書した開業当日の上本町駅。当時の駅は、現在のターミナルビルの東側に位置した。

---

**用語解説**　**生駒トンネル**
[いこまとんねる]

大阪電気軌道により 1914 年に開通した。全長 3,388m は当時、国鉄中央本線笹子（ささご）トンネル（4,656m）に次いで第 2 位の長さだった。しかし、断面が狭小で輸送のネックになっていたため、1964 年に新生駒トンネル（3,494m）を開通、旧生駒トンネルはのちに拡幅の上でけいはんな線へ再利用された。

153

# KINTETSU 67

## 1931-1950
## 戦時下の国策に従って、近畿日本鉄道が誕生

大軌～参急が開業した大阪～伊勢間には、速くて快適な新型電車2200系が投入され、開業の翌年から直通運転が始まった。さらに参急は名古屋方面への延伸を目論んだ。戦時中に南海鉄道などが合併して近畿日本鉄道が成立、日本有数の営業キロ数を誇る一大鉄道事業者が誕生した。

### 伊勢電を合併し、名古屋へ進出

　大阪～伊勢間で直通運転を開始した大軌・参急は、1931年に参急が山田～宇治山田間を開業し、翌年、上本町～宇治山田間で特急運転を開始した。このとき特急車に投入されたのは、のちに名車と讃えられる2200系だった。1931年のダイヤでは、直通列車は1時間に1本の割合で設定され、2時間31分で結んだ。この当時、蒸機列車の鉄道省（のち国鉄、現・JR）湊町（現・JR難波）～山田間は3時間10分の所要時間で、大軌・参急線の方が有利だった。

　参急はさらに名古屋方面への延伸を目論んだ。この区間に伊勢鉄道改め伊勢電気鉄道が100kmを超える営業キロ数で経営していた。しかし、急速に路線を拡大した伊勢電は資金のやりくりが苦しくなり、参急と合併する道を選んだ。1936年1月に関西急行電鉄（関急電）が設立され、伊勢電から桑名～名古屋間の鉄道敷設免許が譲渡された。

　関急電は、営業を参急に委託の上で1938年に伊勢電と同じ1067mm軌間で開業

近畿日本鉄道の歴史がわかる

した。1936年9月に参急と伊勢電が合併、これにより参急は桑名〜大神宮前（1942年に廃止）間と伊勢若松〜伊勢神戸（現・鈴鹿市）間の約87kmを承継した。さらに参急と関急電は1940年に合併した。

大阪〜伊勢間を結んだ参急2200系。150kWの主電動機を搭載し、青山峠の急勾配を克服した。写真は3扉化改造後で、1963年に撮影。写真／辻阪昭浩

## 近畿日本鉄道の誕生と戦後復興

　関急電と合併した時点で、参急の営業キロ数は大軌を上回った。ここに来て両社が合併する気運が高まり、1941年に実施され、社名は関西急行鉄道（関急）に変更された。また、関急は1943年に大鉄、翌44年4月に信貴山急行電鉄（現・信貴線）、南和電気鉄道（現・御所線）を合併した。このころに現在の近鉄線が形作られたといえる。とはいえ、大軌・参急〜関急〜近鉄で開業した路線は総営業キロ数の約3割に満たず、近鉄はいかに周辺の会社を吸収したのかわかる。

　1944年6月、関急と南海鉄道は合併し、近畿日本鉄道が設立された。この時点で営業キロ数は639.3kmとなり、日本最大の私鉄となった。しかし、企業文化が異なるため、終戦後の1947年に南海系が南海電気鉄道として分離した。

　戦時中は近鉄沿線も空襲により被災し、さらに1944年の東南海地震による被害も受けた。資材不足により車両・施設のメンテナンスに手が回らず疲弊するがままに、優等列車の運休、スピードダウンが続出した。上本町〜近畿日本名古屋（現・近鉄名古屋）間の所要時間は5時間09分にまで落ちた。

　戦後、国際観光都市奈良を控える近鉄は、連合軍専用列車の運行を命ぜられ、1952年まで上本町〜近畿日本奈良（現・近鉄奈良）間で運行された。

**用語解説　南海電気鉄道**
［なんかいでんきてつどう］

難波（なんば）をターミナルに和歌山方面への南海線と、高野山方面への高野線を幹線とする、大手私鉄のひとつ。総営業キロ数は154.8km。有料特急は南海線に「サザン」、空港線に「ラピート」、高野線に「こうや」「りんかん」を運転する。2025年4月1日付で泉北高速鉄道を合併する。

# KINTETSU 68

## 1951-1964
## 看板列車、ビスタカーとラビットカーの誕生

高度経済成長期の前夜、1067mm軌間の名古屋線を1435mm軌間に改軌し、大阪線と直通させる計画を立てた。工事は伊勢湾台風被害の復旧に合わせて前倒しして完成し、直通特急「ビスタカー」の運転が始まった。南大阪線では高加減速性能を誇る「ラビットカー」を投入した。

### 名古屋線を改軌し、名阪直通特急を運行

　近鉄は車両の修復と並行して、路線の改良も進めた。1955年に国鉄城東線（現・JR大阪環状線）と接続する鶴橋に連絡跨線橋と連絡改札口を新設、1956年に大阪線上本町〜布施間を複々線とし、大阪線と奈良線を分離、さらに奈良線を直流600Vから1,500Vへの昇圧、頭端式の上本町の改良工事、1959年の名古屋線揖斐・長良・木曽川橋梁掛け替えなどを進めていった。

　この中で規模が大きいものとしては、名古屋線の改軌工事が挙げられよう。1067mm軌間の名古屋線は1435mm軌間の大阪線と直通できず、1947年に始まった大阪〜名古屋間の特急運転も伊勢中川で乗り換えが生じていた。改軌工事は、特急「こだま」の運行が始まった国鉄東海道本線に対する不利を解消するものとして行われた。しかし、1959年9月26日、**伊勢湾台風**（台風15号）が東海地方を直撃し、名古屋線は全区間で大きな被害を受けた。近鉄は揖斐・長

1959年9月の伊勢湾台風により、名古屋線は甚大な被害を受けたが、復旧と同時に軌間拡幅工事を行った。写真は11月23日の塩浜駅構内の拡幅工事。

名阪直通の任を果たす10100系「新ビスタカー」。2階建て車は長らく近鉄のイメージリーダーであった。写真／辻阪昭浩

近畿日本鉄道の歴史がわかる

良・木曽川橋梁が大きく破損していないことを確認すると、路線の復旧と同時に改軌工事を進めることとし、当初の改軌計画より2カ月前倒しした11月19日に着手し、わずか9日後の同月27日に竣工した。

この2週間後に名阪直通特急の運行が始まり、2代目の2階建て電車10100系「新ビスタカー」が投入された。名古屋線の改軌により大阪線〜名古屋線の直通が始まったが、当初は伊勢中川でスイッチバックをしていた。同駅北方に短絡線が設けられるのは1961年のことである。

## 南大阪線に高加減速の「ラビットカー」を投入

ラッシュ時の混雑が激しくなった南大阪線では、1957年に高加減速性能に優れた6800系「ラビットカー」を投入した。普通列車でも高加減速性能で、急行の追い上げをかわすことができ、4扉車のため乗降時間も短縮できた。そのために停車時間を短縮して、運転本数を増やすことに貢献した。

京都〜大和西大寺間は奈良電気鉄道が運営していた。丹波橋で京阪本線と、大和西大寺で奈良線・橿原線と相互乗り入れをし、大株主は近鉄と京阪であった。

奈良電の将来性に注目した近鉄は京阪が保有する株式を購入し、1962年に奈良電を傘下に収めた。翌63年に合併し、京都〜大和西大寺間は近鉄京都線となった。さらに1964年にはかつて大軌の傘下にあった信貴生駒電鉄が近鉄と合併し、生駒線・田原本線、東信貴鋼索線（1983年に廃止）となった。

加速度4.0km/h/s、減速度4.5km/h/sの性能から、ピョンピョン跳びはねるウサギにちなんで「ラビットカー」の愛称が付けられた6800系。あざやかなオレンジ色に白帯を巻いた車体は、乗降時間の短縮を図って近鉄で初めて片側4扉を採用した。写真／辻阪昭浩

### 用語解説 伊勢湾台風［いせわんたいふう］

1959年9月26日に潮岬（しおのみさき）に上陸し、紀伊半島から東海地方を中心に猛威をふるった。死者・行方不明者5,000人を越え、自然災害による犠牲者の数では2011年の東日本大震災、1995年の阪神・淡路大震災に次ぐ。近鉄では全線に渡り被災し、中でも名古屋線のほとんどが冠水した。

157

# KINTETSU 69

## 1965-1975
## 特急ネットワークを整備する

東海道新幹線の開業は、近鉄の名阪特急にとって大きな打撃となった。そこで近鉄は「逆転の発想」で、新幹線から沿線観光地へのアクセスに重点を置き、特急ネットワークの整備を手がけていった。さらに大阪万博の開催に合わせて、大阪・京都・奈良・名古屋〜賢島間に特急を直通させた。

### 東海道新幹線開業の衝撃

1964年10月、東京〜新大阪間に東海道新幹線が開業した。名阪間の鉄道輸送シェア70％強を誇っていた近鉄特急も新幹線のスピードに敗れ、名阪ノンストップ特急が2両編成で走るほどの落ち込みを見せた。このため近鉄は特急列車を名阪間をはじめとする都市間輸送から、新幹線

奈良線の輸送力増強の一環で設けられた新生駒トンネルは、1964年7月22日に開通式が挙行された。

から伊勢志摩・吉野など、沿線観光地へのアクセスを充実させる施策に転換した。これに沿って、戦時中に三重県内の中小私鉄を統合した三重交通から鉄軌道部門を引き継ぎ、近鉄の路線となった志摩線の標準軌への改軌を計画し、同時に鳥羽線の新設も行った。鳥羽線の開業、志摩線の改良は大阪万国博覧会の開幕に合わせた1970年3月1日に完成し、大阪・京都・奈良・名古屋から賢島へ特急が直通した。難波線上本町〜近鉄難波(現・大阪難波)間も同月15日に開業している。

大軌が開業した奈良線は車体長15m級の車両が長らく運用されてきた。しかし、1950年代から人口増加が著しく、1956年に上本町〜布施間を複々線化のうえで大阪線と奈良線の分離を図り、ラッシュ時の運行本数を増やしたものの、混雑解消には至らなかった。そのため断面の小さな生駒トンネルに代わり1964年

# 近畿日本鉄道の歴史がわかる

に新生駒トンネルを新設し、同年10月から20m級車両を投入し、輸送力を増強した。

また、1968年には奈良市の都市計画街路整備事業に伴い、併用軌道だった近鉄奈良駅付近の地下化を実施、さらに翌69年、奈良線・橿原線・天理線・生駒線・京都線などの架線電圧を600Vから1,500Vに昇圧した。

1972年4月の路線図

## 自動改札機をいち早く取り入れる

大阪線では青山トンネルを含む奈良・三重県境の山岳区間が急曲線・急勾配、単線で残り、輸送の隘路になっていた。このため伊賀上津〜榊原温泉口間に新しいトンネルを掘削し別線を新設、榊原温泉口〜伊勢中川間は既設線に並行して新線を設けることとなった。これにより西青山〜東青山間に全長5,652mの新青山トンネルが建設され、1975年11月に大阪線の全線複線化が完成した。

自動改札機の導入に積極的だったのも近鉄だ。昭和30年代から大阪大学・立石電機(現・オムロン)と共同で研究を進め、1966年に大阪阿部野橋に試作機を設置した。1971年には主要19駅に定期券自動改札機を導入している。自動改札機については、のちに阪急電鉄も立石電機と共同研究をし、2007年には近鉄・阪急・阪大・オムロンによる自動改札システムの開発・実用化に関して、米国電気電子学会から名誉ある「IEEEマイルストーン」を授けられた。

### 用語解説

**三重交通**[みえこうつう]

戦前に三重県下の交通事業者が統合されて発足した。1964年に軌道部門を三重電気鉄道として分社し、松阪線を廃止した後の1965年に、残った路線が近鉄と合併した。このとき近鉄となったのは、内部線・八王子線・湯の山線・北勢線・志摩線。現在は三重県全域と隣県の一部でバス事業を営む。

# KINTETSU 70

## 1976-1999
## 東大阪線の開業と「アーバンライナー」の登場

輸送が逼迫する奈良線にバイパスをつくる計画が持ち上がった。これがのちにけいはんな線として実を結ぶ。一方で東海道新幹線に押され続けた名阪特急は、1970年代後半になると有利な風が吹き、シェア回復の兆しが見えてきた。そこで切り札となったのが「アーバンライナー」である。

竹田駅は島式2面4線ホームを有し、内側2・3番線が地下鉄烏丸線直通、外側1・4番線が京都線〜橿原線列車が使用する。

相互直通運転を行っているけいはんな線と大阪メトロ中央線は、近鉄・大阪メトロの車両ともそれぞれの終点まで乗り入れる。

### 東大阪線からけいはんな線へ

　京都線は奈良電気鉄道時代から丹波橋で京阪電気鉄道へ直通していたが、1968年に乗り入れを中止した。しかし、1988年に京都市営地下鉄烏丸線京都〜竹田間が開通すると、同線との相互直通運転を開始、近鉄は20年ぶりに他社局線へ乗り入れた。

　大軌が開業した奈良線は沿線が大阪への通勤圏となり、次第に乗車率が高くなっていた。このため開口部の狭い生駒トンネルを、広い新生駒トンネルへの付け替え、車両を15m級から20m級への更新などを進めてきたが、抜本的な対策として大阪市営地下鉄（現・Osaka Metro〈大阪メトロ〉）中央線と相互直通運転をする東大阪線の新設を計画した。

　東大阪線の免許は1977年に下り、近鉄出資の東大阪生駒電鉄が建設を担当した。同社は1986年4月に近鉄と合併し、10月に第三軌条集電の東大阪線長田〜生駒間が開業した。その後、奈良・京都・大阪にまたがる地区に関西学術研究都市構想が持ち上がり、東大阪線をアクセス線として東へ延伸することとなった。

近畿日本鉄道の歴史がわかる

2006年に生駒〜学研奈良登美ヶ丘間が開業し、路線名は東大阪線とともに「けいはんな線」となった。

## 新しい名阪特急と、伊勢志摩への新型特急が登場

　名阪特急は東海道新幹線の開業以来、名古屋〜大阪間においてシェアが下がったままだったが、国鉄の相次ぐ運賃・料金の値上げ、近鉄の車両更新や増発などにより、1980年に入るとある程度シェアが回復してきた。そこで近鉄はさらなるシェア拡大を目的に1988年、名阪ノンストップ特急に21000系「アーバンライナー」を投入した。白色を基調とする流線形の車体はスタイリッシュで、さらに最高120km/h運転を行い、鶴橋〜近鉄名古屋間を最速で2時間を切るスピードは、名阪特急が次のステージに入ったことを予感させた。

　1994年、三重県磯部町（現・志摩市磯部町）へ近鉄が出資するリゾート施設、志摩スペイン村が開設され、同年3月にはアクセス特急として23000系「伊勢志摩ライナー」の運行が始まった。また、「アーバンライナー」「伊勢志摩ライナー」だけでなく、1990年には吉野特急へ26000系「さくらライナー」、1992年は標準軌線向けの汎用特急22000系「ACE」、1996年は吉野特急向け汎用特急16400系「ACE」が投入された。

名阪間のシェア回復に大きく貢献した21000系「アーバンライナー」。先頭車の流線形、スタイリッシュな白色の車体が印象的だ。

志摩スペイン村開設に合わせて登場した23000系「伊勢志摩ライナー」。リニューアル前の車体カラーは黄色と白のツートンだった。

### 用語解説

**京都市営地下鉄**
［きょうとしえいちかてつ］

京都市交通局が運営する地下鉄で、1981年の烏丸線北大路（きたおおじ）〜京都間が開業の第一歩。現在は烏丸線国際会館〜竹田間13.7km、東西線六地蔵（ろくじぞう）〜太秦天神川（うずまさてんじんがわ）間17.5kmがあり、烏丸線は近鉄京都線と相互直通運転を、東西線は京阪電気鉄道京津（けいしん）線が片乗り入れを行っている。

161

# KINTETSU 71

## 2000-
## 持株会社「近鉄グループホールディングス」の誕生

21世紀に入ると、近鉄の経営環境に変化が生じ、組織のスリム化、コスト削減が求められるようになった。その一環としてワンマン運転の実施、不採算路線の分離が行われた。加えて持株会社制を導入し、鉄軌道、不動産、流通、ホテル・レジャーの4事業に分割した。

近鉄特急の車体カラー変更は2015年から始まった。右2両が旧デザイン、左4両が新デザインである。

### 不採算路線を分離し、経営をスリム化

　21世紀初頭、世界的に景気が後退すると近鉄グループも連結ベースで純損失を計上し続け、組織のスリム化・コスト削減を進めることとなった。近鉄玉手山遊園地、近鉄あやめ池遊園地の閉園、プロ野球球団「大阪近鉄バファローズ」の経営からの撤退もその一環である。

　鉄道では不採算路線の分離が実施された。2003年に北勢線（ほくせい）が三岐鉄道（さんぎ）へ譲渡され、2007年には養老線（ようろう）・伊賀線（いが）がそれぞれ養老鉄道・伊賀鉄道へ、2015年には内部・八王子線が四日市あすなろう鉄道へ転換した。

　2015年には純粋持株会社制に移行し、近畿日本鉄道は近鉄グループホールディングスに商号変更し、鉄軌道部門は新生・近畿日本鉄道、不動産事業は近鉄不動産、流通事業は近鉄リテーリング、ホテル・レジャー事業は近鉄ホテルシステム

近畿日本鉄道の歴史がわかる

ズ（のち近鉄・都ホテルズ）に分割した。

このほか、2001年には青山町以西の主要路線でストアードフェアシステム「スルッとKANSAI」「Jスルーカード」の使用を開始したほか、車両面では2000年から次世代の標準型一般車両「シリーズ21」を投入した。

## 阪神電鉄と相互直通運転を開始する

2000年代初頭は暗い話題が多かった近鉄だが、2009年に始まった阪神電気鉄道との相互直通運転は、明るい話題として記憶される。阪神が1959年に取得した千鳥橋〜難波間の西大阪線延伸線敷設免許が、50年を経過して実現したものだ。阪神は西大阪線（現・阪神なんば線）を大阪難波（旧・近鉄難波）へ延伸し近鉄難波線と直結、直通区間は阪神三宮〜近鉄奈良間である。

2010年代に投入された観光特急50000系「しまかぜ」、16200系「青の交響曲（シンフォニー）」はきっぷが取りにくい列車に成長し、伊勢志摩・吉野方面の観光に寄与している。そして2020年に新しい名阪特急80000系「ひのとり」が登場し、近鉄のフラッグシップトレインとして好評を博している。

その一方で、汎用特急車のカラーリングがオレンジ色と紺色からオレンジ色と白色の新デザインへの変更が進められた。2015年の22000系リニューアルを皮切りに、2021年4月の12200系の定期運用終了に伴い、新カラーリングへの変更が完了した。2024年には24年ぶりの新型一般車8A系がデビューした。

2009年に阪神電鉄と近鉄奈良線の相互直通運転が開始された。奈良線で近鉄の9820系「シリーズ21」（左）と阪神1000系（右）がすれ違う。

### 用語解説

**三岐鉄道**　[さんぎてつどう]

三重県北部で公共交通事業などを営む。鉄道は三岐線富田（とみだ）〜西藤原（にしふじわら）間26.5km、近鉄連絡線近鉄富田〜三岐朝明（あさけ）信号場間1.1km、近鉄から移管した北勢線20.4kmを有する。三岐線の旅客列車は近鉄富田へ直通し、JR関西本線に接続する富田へはセメントを中心とする貨物列車のみ走る。

163

## KINTETSU COLUMN
# 三重県にあった近鉄最長の廃線

## 近鉄山田線と重複したため廃止の憂き目に

　近鉄の廃線で最も距離が長いのは、伊勢線江戸橋〜大神宮前間39.5kmである。前身は1915年に白子〜一身田町(現・高田本山)間を開業し、のちに桑名〜大神宮前間86.6kmを1067mm軌間で運営した伊勢鉄道(のち伊勢電気鉄道)だ。

　大阪から伊勢、そして名古屋方面への延伸を目論んだ大軌系の参宮急行電鉄は1930年9月に1435mm軌間で山田(現・伊勢市)へ延伸し、伊勢電が大神宮前へ延伸する5日前の12月20日に大阪〜伊勢間で直通運転を開始した。

　路線が並行する伊勢電と参急はライバル関係にあったが、急激に延伸したため経営が悪化した伊勢電は1936年に参宮急行電鉄と合併、1940年に江戸橋〜大神宮前間は参急伊勢線となった。しかし、戦時中の1942年に新松阪〜大神宮前間は山田線との重複路線として廃止され、残る江戸橋〜新松阪間も1959年に廃止された。

　廃線跡は河川の橋脚などで確認できるが、大半は宅地・道路などに埋没している。その一方で、伊勢市には大神宮前駅の跡地に、駅名標を模した看板が立てられている

伊勢線宮川堤〜大神宮前間の廃線跡は、伊勢市道に転用された。宮川堤〜山田西口間にある2カ所のトンネルは道路用に改良された。

大神宮前駅は伊勢神宮外宮にほど近い場所にあったが、駅名標を模した記念碑が立てられているのみで、鉄道の痕跡はなにも見当たらない。

# CHAPTER 6 第6章

# 近畿日本鉄道の
# 魅力がもっとわかる

大手私鉄16社の中で最もエリアが広い近鉄は、路線や駅の数はもちろん、車両の種類も多く、多様である。そして多くの会社が合併して成立した歴史も興味深い。そんな近鉄の魅力をもっと感じられるアプリ、きっぷ、観光列車などを紹介していこう。

# KINTETSU 72

## 観光地向けの企画きっぷが充実
## 近鉄のお得なきっぷ

エリアが広い近鉄は、お得なきっぷも観光用、ビジネス向けと種類が豊富だ。中でも伊勢志摩・奈良・吉野向けは充実している。一方で関西空港への割引きっぷ、大阪市内なら他社線も利用できるフリーきっぷもあり、大都市の観光用もある。なお、一部を除き特急券は含まれていない。

志摩スペイン村のオープンに合わせて登場した23000系「伊勢志摩ライナー」。伊勢志摩観光用のフリーきっぷでも乗車できる。

### 伊勢志摩向けに特急券込みの企画きっぷ

近鉄が観光開発に力を入れている伊勢志摩に関しては、「まわりゃんせ」「志摩スペイン村 パルケエスパーニャ・フリーきっぷ」「伊勢神宮参拝きっぷ」などが用意されている。発駅からフリー区間までの往復乗車券・特急券、フリー区間内の特急券、伊勢・鳥羽・志摩内のバスフリーきっぷがセットされたもので、これに加えて「まわりゃんせ」は鳥羽湾や英虞湾(ごわん)の定期船乗り放題、パルケエスパーニャのパスポート引換券をはじめ、23施設の入場・入館が無料になる、まさに「スーパーパスポート」だ。

「志摩スペイン村 パルケエスパーニャ・フリーきっぷ」はパルケエスパーニャのパスポート引換券が付いたもの

伊勢志摩をお得に旅行ができる「まわりゃんせ」。きっぷのほかにエリア内のクーポン券もセットされている。

166

近畿日本鉄道の魅力がもっとわかる

で、パルケエスパーニャをメインとするなら、「まわりゃんせ」より安価なこちらがおすすめ。「伊勢神宮参拝きっぷ」はバスのフリー区間が伊勢・二見・朝熊エリアと小さいが、年末年始も利用できる。

奈良地区のお得なきっぷは、「奈良世界遺産フリーきっぷ」が用意されている。「奈良・斑鳩コース」は1日用と2日用があり、さらに吉野まで足を延ばす人に向けては「奈良・斑鳩・吉野コース」がある。

## 大阪観光は「周遊パス」が便利

関西空港へは「関西空港レール＆バス 片道特割きっぷ」が便利だ。発駅から大阪上本町までの乗車券と、大阪上本町〜関西国際空港間のリムジンバス乗車券がセットされた。

近年はスマートフォンを活用したデジタルきっぷサービスが広まり、近鉄でも既存のお得なきっぷをデジタルきっぷ化したものも増えてきた。伊勢志摩向けの「デジタルまわりゃんせ」「伊勢神宮参拝デジタルきっぷ」は特急券が含まれていないぶん、紙のきっぷより安く設定されている。名古屋地区では片道きっぷ5枚分がセットされた「桑名〜近鉄名古屋デジタル回数きっぷ」「近鉄弥富〜近鉄名古屋デジタルきっぷ」がある。前者は2,000円（通常より1枚あたり130円おトク）、後者は1,900円（同50円）。

近鉄全線がフリー区間の「近鉄週末フリーパス」は、金・土・日曜日または土・日・月曜日の連続する3日間に有効の乗車券。鋼索線も利用できるが、葛城山ロープウェイは50％割引となる。

お得なきっぷは主要駅で発売されているが、一部のきっぷは前売り限定になっているので注意が必要だ。また、企画きっぷや期間限定のきっぷもあるので、詳細は近鉄の公式ウェブサイトで確認してほしい。

近鉄が運営する唯一の索道である葛城山ロープウェイ。「近鉄週末フリーパス」では50％割引で乗車できる。

**用語解説**

斑鳩 [いかるが]

奈良県斑鳩町法隆寺（ほうりゅうじ）を中心とした地域で、奈良盆地の西北部から矢田丘陵の南端に位置する。東に富雄川、西に竜田川、南に大和川が流れている。飛鳥時代に聖徳太子がこの地に法隆寺を建立し、602年に斑鳩宮を造営したことで、歴史の表舞台に登場した。古代の遺跡、寺社、文化財も多い。

# KINTETSU 73

## バージョンアップごとに機能が向上
## 関西初の総合的な鉄道案内アプリ

現代はスマートフォンがかなり普及し、鉄道関係のアプリも数多い。近年の大手私鉄では独自にスマートフォン対応のアプリを開発し、利用者の便宜を図っているが、近鉄はスマホアプリを関西私鉄の中でいち早くリリースした。近鉄電車の利用者に有益な機能が満載である。

### 運行情報を含めた総合的な鉄道案内アプリ

「近鉄アプリ」は2016年12月13日から運用を開始した、スマートフォン対応のアプリである。当初の機能は生駒・西信貴鋼索線を除く各普通鉄道線で、列車の運転見合わせや遅れが生じてダイヤ乱れが発生した際に、スマートフォンに運行情報をプッシュ通知するものと、近鉄公式WEBサイト上に公開している鉄道情報へリンクし、遅延証明書の発行、ダイヤ案内、時刻表、駅構内図などの情報へすぐにアクセスできるものとした。

翌年5月29日にバージョンアップが発表（サービス提供は6月1日から）され、列車位置情報提供サービスが追加された。これは乗車予定の列車が今どこにいるのかを確認できるもので、どの駅間を走行しているのか、あるいはどの駅に停車

「近鉄アプリ」のトップ画面。調べたい箇所のアイコンをタップする。

運行情報は路線ごとに表示される。

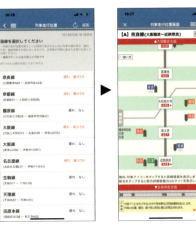

左の画面で路線をタップすると右の画面に変わり、列車の走行位置が種別とともにひと目で表示される。

近畿日本鉄道の魅力がもっとわかる

しているのかが、特急・急行・普通など列車種別とともに図示される。さらに列車の遅れについて1分単位で表示される。この時点では南大阪線系の狭軌線、およびけいはんな線については未対応だったが、2020年3月14日のバージョンアップで狭軌線も対応となった。

## 阪神電鉄のアプリとの連携を開始

　近鉄アプリから特急券の予約もできる。乗車駅・降車駅・時間を入力すると、3本の候補列車が表示される。検索のさいの車種やシートタイプ（レギュラーシート、プレミアムシートなど）、設備の有無なども指定できる。そうして提示された中から好みの列車をタップすると、「インターネット予約・発売サービス」にジャンプし、ネット予約サイトに進む。また、「特急空席検索・購入」で検索した列車を「よく使う特急列車」に登録すると、次回からその列車が優先的に表示される。これは出張の多いビジネスマンに便利だ。

　普段利用する駅など3駅までを登録し、運行情報を知らせる「My駅登録機能」も2018年から開始した。また、近鉄奈良～神戸三宮間を直通する列車の位置情報を、阪神電気鉄道の「阪神アプリ」と連携する機能も追加された。

　最新版ではダイヤが乱れた際の迂回ルート検索、特急列車の車内設備検索、登録特急列車の運行状況プッシュ通知が追加されている。

特急券の予約は、乗りたい列車（左）をタップし、案内（右）に従って進むと、インターネット予約サイトに転送される。

### 用語解説

**神戸三宮**
[こうべさんのみや]

阪神電気鉄道本線の主要駅で、阪神の全列車が停車。駅周辺は神戸の中心繁華街で、半径300mの中にJR西日本三ノ宮駅、阪急電鉄神戸三宮駅、神戸市営地下鉄・神戸新交通三宮駅が所在する。なお、神戸高速鉄道との境界駅は当駅ではなく、ひとつ西側の元町である。

169

# KINTETSU 74

## >>> 本格的な観光列車
## 「青の交響曲」「つどい」「あをによし」

伊勢志摩に向けての特急「しまかぜ」が評判を呼び、連日満席の状態が続いたことから、近鉄は吉野特急にも観光列車を運行することとした。これが「青の交響曲」だ。また、「しまかぜ」と同時に伊勢市～賢島間に登場した観光列車が「つどい」で、両列車は一般車を改造して生まれた。

### 「大人旅」を演出する観光特急

南大阪線・吉野線の観光振興を目的に、2016年8月から運行を開始した「青の交響曲」は、「上質な大人旅」にふさわしい癒しとくつろぎを提供する観光列車である。一般車6200系を改造した16200系3両編成1本が専用で運用され、車体は自然豊かな沿線の景観との調和を図るため、濃紺色に金色のラインを巻いた外観とした。

2016年に一般車の6200系6221編成を種車に誕生した「青の交響曲（シンフォニー）」。走行性能はほとんど変わらないが、外装と内装が観光列車らしく改造された。

1号車は定員28人、3号車は同37人で、2＋1列の幅広のリクライニングシートを配置したデラックスシート車である。改造前4カ所あった乗降扉は車端部の1カ所を除いて埋められ、その部分にはステンド照明を設置する大型の木製テーブルを配したサロン席（4人用）とツイン席（2人用）とした。座席は緑地に金糸を交ぜたものを使用し、起毛によりモケットのような柔らかさを実現した。

中間の2号車は座席定員を持たないラウンジ車両。吉野方に向かって左側に通路が寄せられ、反対側に革張りソファーやバーカウンター、高級ホテルをイメージしたラウンジスペースを配置したほか、壁の化粧板は明るめの木目調となった。床には高級カーペットの丹波緞通が使用されている。車内では季節のオリジナルスイーツや柿の葉寿司、アルコール類などを販売する。「青の交響曲」は大阪阿部野橋～吉野間を、基本的に水曜日を除いて1日2往復する。

近畿日本鉄道の魅力がもっとわかる

## 大阪〜奈良〜京都間に新観光特急が登場

　観光列車「つどい」は、50000系「しまかぜ」と同時期の、伊勢神宮の第62回式年遷宮に合わせて2013年に登場し、伊勢市〜賢島間で運行を開始した。車両は2000系3両編成を種車とし、形式名は2013系となったが、車両性能に変化はなく、外観と客室内に大きく手が入れられた。

　2018年にリニューアルされ、走行路線を湯の山線に移したが、2024年に志摩をPRする「志摩おいなーい！号」として伊勢市〜賢島間に戻ってきた。

イエローグリーンをメインに、自然や温泉、自転車、ビールなどのイメージサインをちりばめたポップなデザインとなった「つどい」。客室も明るいイメージとなった。

　2022年から大阪難波〜近鉄奈良〜京都を結ぶ新しい観光特急「あをによし」の運行が始まった。12200系を種車に、奈良の和の美しさ、尊さを表現した19200系4両編成を専用車に充当した。車体カラーは、平安時代は高貴な色とされた紫色を意識した紫紺メタリックに金色の差し色、前面には吉祥文様花喰鳥のエンブレムを、側面には正倉院の宝物である螺鈿紫檀五絃琵琶の花柄をイメージしたラッピングを施した。

　1・3・4号車がツインシート、2号車が3〜4人用のサロンシートで、2号車には校倉造りをイメージしたカウンターで飲料やスイーツ、グッズを販売する。4号車の車端部は沿線に関する書籍を閲覧できるライブラリーが設けられた。

心からくつろげる空間で、乗った瞬間からいにしえの情緒へといざなう「あをによし」。大阪難波〜京都間に1往復、京都〜近鉄奈良間に3往復が設定されている。

### 用語解説　柿の葉寿司　[かきのはずし]

奈良県・和歌山県の郷土料理で、一口大の酢飯にサケやサバの切り身を合わせ、柿の葉で包み、押しをかけた寿司を指す。柿の葉には殺菌効果があるといわれ、包むことで数日ほど保存に適した状態になる。また、香り豊かな柿の葉に包むことで、魚の臭いもなくなり、味もよくなる。

171

# KINTETSU 75

## 1435mm、1067mm、762mm 3つのゲージを有する近鉄グループ

鉄道のレール幅（軌間）は、発祥の地である欧州で普及している1435mmが標準軌、それより狭いものを狭軌、広いものを広軌と呼んでいる。日本ではJR在来線が1067mm、新幹線が1435mmを採用しているが、地方には762mmもある。そして近鉄グループにはこの3種類がそろっている。

### 1435mmで開業した大阪電気軌道

　1872年に新橋～横浜間で始まった日本の鉄道の軌間を、3フィート6インチ（1067mm）に選んだのは、当時の大蔵大輔だった大隈重信（おおくましげのぶ）である。鉄道建設は官設が原則だったが、明治政府は資金が足らず私設の鉄道も認可した。その際に1067mm軌間とすることが法律で定められ、1887年に「私設鉄道条例」として制定、1900年に「私設鉄道法」に引き継がれた。この時代に開業した私設鉄道はのちに国有化され、全国に国鉄網が築かれることとなったが、1910年に軌間を1067mmより狭くしてより低コストで建設できる「軽便鉄道法」が施行され、各地に762mm軌間の鉄道も開業した。

　一方で私設鉄道法に準拠しない鉄道も生まれた。大阪～神戸間の都市間鉄道を目指した阪神電気鉄道は私設鉄道法での建設が認められず、路面電車の「軌道条例」（のちの「軌道法」）に準拠したが、路面に敷設されたのは一部で、普通鉄道とほとんど変わらなかった。軌道法では軌間が限定されていなかったことから、阪神は欧州標準の1435mm軌間を採用した。

　こうした経緯で日本に異なる軌間の鉄道が存在するのだが、近鉄は前身の大阪

名古屋線は当初1067mm軌間で建設されたが、のちに1435mmに改軌された。写真左の線路はJR関西本線。

四日市あすなろう鉄道日永駅に展示されている台車と線路で、762mm、1067mm、1435mmの軌間がひと目でわかる。

近畿日本鉄道の魅力がもっとわかる

電気軌道が社名の通り軌道法で特許を取得し、1435mm軌間で開業した。以後、参宮急行電鉄など大軌系は1435mm軌間で延伸し、1921年に合併した天理軽便鉄道のうち大軌線と直通した平端〜天理間（現・近鉄天理線）は762mmから1435mmに改軌されている。

## 昭和の近鉄は3種類の軌道が併存

　南大阪線・道明寺線の前身の河陽鉄道は1898年、私設鉄道条例に準拠して1067mmで開業した。同社は河南鉄道を経て大阪鉄道となり、吉野鉄道（現・近鉄吉野線）へ直通した。大鉄は、大軌と参急が合併して発足した関西急行鉄道と1943年に合併したことで、近鉄に標準軌と狭軌が併存することとなった。

　762mm軌間は四日市あすなろう鉄道（もと近鉄内部線・八王子線）、三岐鉄道北勢線（もと近鉄北勢線）が採用しているもので、近鉄では「特殊狭軌」と称した。内部線・八王子線は三重軌道が軌道条例で開業し、三重鉄道に移管後、軽便鉄道法に基づく軽便鉄道となり、北勢線は北勢鉄道が軽便鉄道法で開業した。両社は1944年に合併し三重交通が発足、1965年に近鉄に合流した。

　このように昭和の近鉄は全国でも珍しく3種類の軌間が併存していた。

内部・八王子線を転換した四日市あすなろう鉄道。軌間と同じで車体幅も狭く、運転台は中央に配置される。

762mmから1435mmに改軌工事中の湯の山線。改軌によって名古屋線から特急が直通できるようになった。

---

**用語解説　大隈重信　[おおくましげのぶ]**

幕末から明治かけて活躍した武士・政治家・教育者。1838年に佐賀藩の上士の家に生まれ、明治政府では参議、大蔵卿を務めた。1881年の「明治十四年の政変」で一時下野したがのちに復帰し、内閣総理大臣、外務大臣、内務大臣などを歴任した。早稲田大学の創設者で、初代総長を勤めた。1922年に死去。

173

## KINTETSU COLUMN

# 近鉄のスポーツチーム

## 花園近鉄ライナーズがラグビー リーグワンで躍動！

　日本ラグビーの最高峰リーグ「ジャパンラグビー　リーグワン」の「花園近鉄ライナーズ」は近鉄GHDの一員だ。同チームは花園ラグビー場開設前の1927年に、大軌ラグビー部として創設された。以来、ラグビー全国社会人大会最多出場（53回）、最多連続出場（50回）、日本選手権3度優勝の実績を誇る実業団屈指の名門チームである。その功績で2002年には前身のトップリーグ入りを果たした。

　ちなみに、奈良線沿線にラグビー場が設けられたのは、ラグビー愛好家だった秩父宮雍仁親王が、1928年に甲子園球場で開催された東西対抗ラグビー試合をご観覧なさったのち、橿原神宮参拝のために大阪電気軌道にご乗車された際、大軌の関係者に競馬場跡地へラグビー専用競技場の建設を進言なさったことがきっかけとされ、翌年に東大阪市となるこの地に花園ラグビー場が開設された。

　花園近鉄ライナーズは、花園ラグビー場を本拠地、東大阪市と大阪府をホストエリアに、多くの人たちに「感動」を与えたいという思いのもと、挑戦を続けている。愛称の「ライナーズ」は21000系「アーバンライナー」にちなむ。

　一方、かつて近鉄はプロ野球団を保有していた。「大阪近鉄バファローズ」がそれで、パシフィック・リーグに所属した。1949年に「近鉄パールス」として誕生。「パールス」は伊勢志摩で養殖が盛んな真珠から命名された。

　初期のころは負けが込み、年間103敗するシーズンもあったが、1959年に「近鉄バファロー」、62年に「近鉄バファローズ」と改名したのちの1970年代に入ると徐々に強くなり、1979・80・89・2001年と4回、リーグ優勝を果たした。

　本拠地球場は南大阪線沿線の藤井寺球場と、大阪市森ノ宮に所在した日本生命球場。2つの球場を使用したのは藤井寺球場にナイター設備がなかったためで、照明が付けられた1984年から藤井寺球場のみを使用した。1997年からは大阪ドーム（現・京セラドーム大阪）を本拠地に、99年に「大阪近鉄バファローズ」へ改名している。

　2004年にネーミングライツ問題が発覚するが認められず、同年限りで球団の幕を下ろした。